한 국 여 성 영 화

韓国女性映画
わたしたちの物語

夏目深雪〔編〕

河出書房新社

이주영 イ・ジュヨン

イ・ジュヨンなら戦い抜ける

岡本敦史

己の道を貫くためならジェンダーの壁も乗り越え、周囲からの抑圧や偏見を跳ね返し、ただ前を見据えて突き進む。『野球少女』(19)でイ・ジュヨンが演じた不屈の主人公は、まさに彼女が演じるためにある役だった。それは『猟奇的な彼女』(01)をはじめ、これまでの韓国映画やドラマに何度も出てきた「勝気なヒロイン」とはまったく違う人物像である。真の意味で独立独歩、何ものにも頼らず、媚びず、旧弊で狭苦しい価値観に回収されない新時代の女性像を、自然体で演じられる存在は極めて稀だ。その強い意志を秘めたまなざしには「この子なら戦い抜ける」と観客に納得させる力があった。

それでいて『なまず』(18)では等身大の「普通の女子」を演じ、コメディエンヌの才能も見せる。インディーズ映画界のミューズとして発見された彼女の清新な魅力を味わうには最適の作品だ。

ドラマ『梨泰院《イテウォン》クラス』(20)でのブレイクを経て、是枝裕和監督の『ベイビー・ブローカー』(22)に出演するなど、いよいよメジャーな舞台への進出を開始したイ・ジュヨン。彼女を活かしきれるかどうかで、韓国映画界の先進性も試されることになるだろう。だが私たちは知っている。「イ・ジュヨンなら戦い抜ける」と。

『なまず』公開中

キム・テリ
김태리

韓国映画の女優たち

右下『お嬢さん』Photo：REX/アフロ　　それ以外『リトル・フォレスト 春夏秋冬』

배두나

ペ・ドゥナ

左上『子猫をお願い』
デジタル配信中

右上『復讐者に憐れみを』
Photo:Collection Christophel/アフロ

下『私の少女』デジタル配信中

強く、正しく、新しく

『ベイビー・ブローカー』のペ・ドゥナ

夏目深雪

ペ・ドゥナが『空気人形』(09)以来、一三年ぶりに是枝裕和監督と組んだ韓国映画。ペ・ドゥナは「赤ちゃんポスト」(ベイビー・ボックス)を利用して、「ベイビー・ブローカー」の裏の顔を持つサンヒョンとドンスを、検挙しようと張り込む刑事を演じる。

ペ・ドゥナが初めて警察官の役を演じたのは『私の少女』(14)だが、彼女がブレイクしたポン・ジュノの『ほえる犬は噛まない』(00)ですでに、団地の管理事務所の経理でありながら、飼い犬失踪事件に首を突っ込む、正義感の強い若い女性を演じていた。「誤った物事を正す」のが彼女のイメージの大きなものの一つである。

また、従来の家族の枠に捉われない価値観を体現する女性も、彼女が提示するロールモデルのうち重要なものである。レズビアンであることが公になり左遷された警察官が、義父に虐待されている少女を助ける『私の少女』もその一例だ。ヒロインのヨンナムは、『子猫をお願い』(01)で、唯一の肉親であった祖父母を事故でなくし、行き場を失った親友ジョンを救うテヒと繋がっている。

『ベイビー・ブローカー』でも、命と倫理という、結論付けるのが難しいテーマを扱いながら、彼女の毅然とした決断が未来を希望に導く重要な役を演じている。

◉監督インタビュー◉

신수원
シン・スウォン

『虹』『オマージュ』で女性監督の苦労を描く

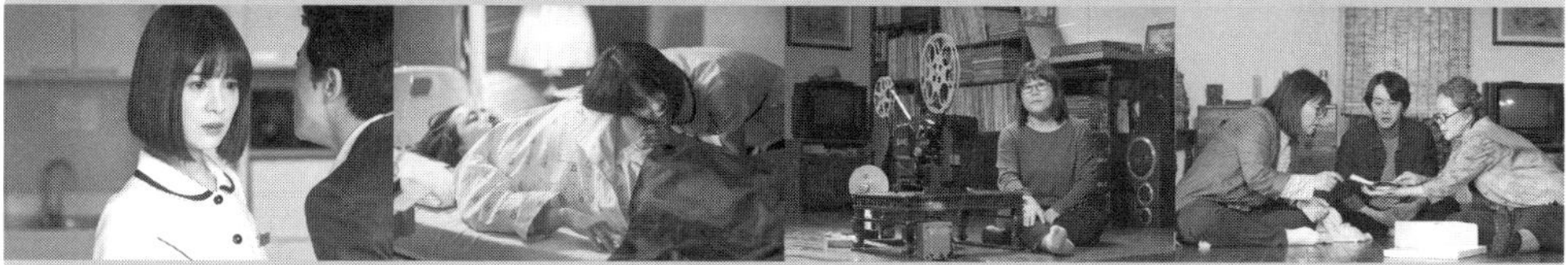

近年、女性監督の活躍が目立って増えてきた韓国映画界だが、10年以上にわたってコンスタントに撮り続けている女性監督はほんの一握りだ。その一人が、シン・スウォン監督。長編デビュー作『虹』(10)で東京国際映画祭の最優秀アジア映画賞を受賞し、その後も『冥王星』(12未)でベルリン国際映画祭、『マドンナ』(14)でカンヌ国際映画祭に招待されるなど、高く評価されてきた。一方で、女性監督ならではの厳しさにも直面し、苦労を重ねてきたのも事実だ。最新作『オマージュ』(21)は1960年代に活躍した女性監督を描きつつ、シン監督自身を含む女性監督への応援歌でもあった。

取材・文
=
成川彩

――監督とは、二〇一〇年の第一回なら国際映画祭で出会ったのが最初でした。私は監督の通訳を担当したのですが、『虹』上映後の観客の反応がとても良くて、自分のことのようにうれしかったのを覚えています。

シン・スウォン（以下シン）――『虹』は全州《チョンジュ》国際映画祭で上映された後、初めて海外で上映されたのが、なら国際映画祭でした。エンディングの曲が流れ始めると客席からリズムに合わせて拍手が起きたのが忘れられません。

――『虹』は女性監督が主人公の映画でしたが、監督の自伝的な部分がありますよね？

シン――教師を辞めて、映画監督を目指したのは主人公ジワンと同じ。私はもともと教師を務めながら、青少年にまつわるテーマで小説を書いていました。休職して大学院に行こうかと悩んでいた時、韓国芸術総合学校映像院のシナリオ専攻の募集を見つけました。授業料も安く、受けてみました。実は休職して小説を書きたいと思っていたんですが、入学してみると映画の方がおもしろいと感じました。卒業後、いったん教師として復職しましたが、映画を撮ろうと決心して辞表を提出しました。

――家族の反対はなかったんですか？

シン――家族には辞表を出してから話しました。借金はしないでねと言われました。

――教師、小説家、映画監督という経歴はイ・チャンドン監督とも共通していますが、『ペパーミント・キャンディー』(00)に刺激を受けたとおっしゃっていましたよね？

シン――教師として勤めていた頃、『ペパーミント・キャンディー』を見て、商業映画とは違うスタイルに好感を持った記憶があります。

――女性主人公ではなかなか投資してもらえないと、数年前まではよく聞きましたが、『虹』でのデビューは難しかったのでは？

シン――実際、『虹』を作る前、女性二人が主人公の映画を三年間準備し

『虹』

ツインプラスパートナース提供

1967年生まれ。ソウル大学でドイツ語教育を学んだ後、中学校の教師として働きながら、ティーン向けの小説を書く。10年教師として働いた後、韓国芸術総合学校映像院で脚本を学ぶ。2007年に自伝的な初長編作品『虹』を発表する。他の作品に『冥王星』、『マドンナ』、『ガラスの庭園』(17)、『若者の光』(19)など。女性が主人公の映画を撮ることが多い。長編6作目になる最新作『オマージュ』はデビュー作に次いで女性監督をテーマとしたもので、来年度(2023年)初めて劇場公開される予定。

ていたことがあります。「女性主人公では投資してもらえない」と言われ、シナリオを何度も書き直したけど、ダメだった。その時の経験を『虹』で描きました。

――あまりにも具体的なので、監督の経験談だろうなと思っていました。

シン――その後、二〇一六年ごろにも女性主人公の、少し予算規模の大きな映画を準備していたけれども、それも「予算規模の大きな映画で女性主人公は難しい」と言われ、実現しませんでした。今も女性が単独主人公の商業映画は多くはありません。

――何年か前、チョン・ドヨンさんとムン・ソリさんが別の機会に同じようなことを言っていましたが、「シナリオが来ない。出る映画がない」と。海外で受賞もしている二人なので、主人公以外は考えにくいけども、二人のような年齢の女性主人公の映画が少ない。もったいない。もったいないですよね。

シン――本当にもったいない。ドラマは女性主人公の場合が多いけれども、映画はまだまだ少ない。女性主人公の場合にはジャンルが明確でないといけない、など条件が付きます。

――『マドンナ』もまた、女性の生きづらさが描かれていましたが、どういうきっかけで作られたのでしょうか？　ＶＩＰ病棟など、監督の作品は独特の素材が多い気がします。

シン―ある日、カフェでシナリオを書いていて、VIP病棟に関するストーリーだったんですが、行き詰まって頭を抱えていました。その時、若い女性のホームレスがカフェで座っているのを見かけました。破れて綿がはみ出したジャンパーを着て、うとうとしている姿を見ながら、悲しい気持ちになりました。洗えばきれいな顔なのに、どういう事情でホームレスになったんだろうと。彼女を見ながら、主人公のミナを考えつきました。非正規雇用の女性が、ある日突然解雇されて行き場がなくなったらどうなるだろうか、と。それが自然とVIP病棟のストーリーとつながって『マドンナ』のシナリオになりました。

――監督の作品に出演した後、有名になる俳優が多いんですが、そのうちの一人は『マドンナ』のキム・ヨンミンさんです。監督の見る目があって、作品の中で強烈な印象を残したことがその後の活躍につながったように思います。

シン―キム・ヨンミンさんは、故キム・ギドク監督の『春夏秋冬そして春』(03)の演技がとても良かった。『マドンナ』でも、すごい集中力を発揮してくれて、ロングテイクの難しい演技でも二、三回でOKとなる素晴らしい俳優です。演じたサンウは善悪の微妙な境界を見せてくれるキャラクターでした。

――『マドンナ』はカンヌ国際映画祭「ある視点」部門に招待されました。いかがでしたか?

シン―カンヌはその前に短編『循環線』(12未)で批評家週間に招待されたことがあり、『マドンナ』で二度目でした。『マドンナ』の時は巨匠

『マドンナ』© 2015 LittleBig Pictures. ALL RIGHTS RESERVED

キム・ヨンミン（左）

たちと並んで私の写真も展示されていて、びっくりしました。最初の上映の時、オープニングで拍手が起きて、なんでかなと思ったら、プログラマーから「大変な道のりを経てここまで来たことに対するお祝いの拍手」と教えてもらいました。低予算で苦労して撮った作品だったので、報われた気がしました。

——『マドンナ』の次が『ガラスの庭園』(17)。木と人間の結合、光合成ができる人間という斬新なアイディアはどこから来たのでしょうか？

シン——幼い頃から森や山が好きでした。動けないけども、木も生命体。『マドンナ』ではミナが脳死状態でしたが、それを「植物人間」とも言いますよね。人が木になったらどうだろうと考え始めたきっかけでした。

——映画の中で、木の根っこが人間の血管のようにも見えました。森や木を撮るうえで心掛けたことはありますか？

シン——おっしゃる通り、森や木が生命体として見えるよう、ロケハンでは奇怪な感じのする森を探して回りました。撮ったのは三ヶ所の森ですが、それが一つの森に見えるよう工夫しました。大きな古木は、思うような雰囲気の木が探せず、美術チームとCGチームが作りました。沼に美術チームが作った発泡スチロールの木の幹を植えて、上の部分はCGなんです。根っこが血管のように見える木は全州の森で見つけました。ファンタスティックだなと思った。森の中のジェヨンの家はセットです。

――主人公の謎めいた科学者ジェヨンを演じたムン・グニョンさんは、かつて「国民の妹」とも呼ばれた人気俳優ですが、キャスティングの理由など教えてください。

シン――ムン・グニョンさんは、キム・ジウン監督の『箪笥／たんす』(03)で印象に残っていましたが、『ガラスの庭園』のキャスティングの前にドラマ『シンデレラのお姉さん』(10)を見て気に入って、シナリオを送りました。実は演技に疲れて休みたいと思っていたところ、『ガラスの庭園』のシナリオを読んで、また演技をやりたいと思ったと話してくれました。多少難しい素材ですが、深く理解していました。グニョンさんはベールに包まれたイメージもありますが、実際は気さくで、情熱的です。演出しながら、目力のある俳優だと思いました。

――『ガラスの庭園』は、釜山国際映画祭の開幕作でした。亡くなられたカン・スヨンさんが執行委員長だった頃ですよね。

シン――カン・スヨンさんは、記者会見でグニョンさんと会った時、『ガラスの庭園』のジェヨン役は私がやりたかったけども、グニョンさんがうまく演じてくれたと冗談を言っていたのを思い出します。開幕式の時は『ガラスの庭園』のチームと一緒に行動しながらリードしてく

『ガラスの庭園』

『オマージュ』
ツインプラスパートナース提供

れました。素晴らしい俳優だっただけでなく、リーダーとしてもカリスマがありました。あまりにも早く逝ってしまわれて本当に悲しいです。

――カン・スヨンさんが亡くなった五月、韓国で公開された『オマージュ』は、韓国で二人目の女性監督、ホン・ウノン監督の『女判事』（62未）のオマージュでしたが、もっと広く、女性映画人の先輩方に対するリスペクトが感じられました。『女判事』を見て、『オマージュ』を構想したのでしょうか？

シン――二〇一一年にMBCで放送されたドキュメンタリーの監督を務め、ホン・ウノン監督と、最初の女性監督、パク・ナモク監督の足跡をたどったんですが、その当時は『女判事』はフィルムがなかったんです。数年前に見つかったけれど、それはドキュメンタリーの放送の後。ドキュメンタリーを撮った時から『オマージュ』の構想はありました。

――ホン監督は『女判事』以外にも二本撮ったようですが。

シン――見つかったのは『女判事』だけです。『オマージュ』の中にも、帽子のリボンに映画のフィルムが使われていたのが出てきますが、昔はそういうことがよくあったみたい。フィルムが大切に保管されなかった。パク監督は『未亡人』（55未）一本だけ撮ったんですが、これはフィルムがあって、パク監督はそれなりに知られていました。ホン監督は二人目というのもあり、フィルムもなかったので忘れられた存在でした。

――『オマージュ』では、『女判事』の後半の音声がなく、そのセリフを探して改めて録音するというのが主人公ジワンの携わった修復作業でした。

シン―実際は『女判事』は音声はあって、その部分は作り話。だけども、フィルムの一部がないのは事実です。検閲で編集された部分もあるみたい。公開前、検閲官が問題があると判断すればフィルムを切ってしまうような時代でした。

――監督の作品は、何かを探し、ひも解いていく探偵のような共通点がある気がします。『オマージュ』も『女判事』の失われた音声をめぐって関係者をたどる内容でした。

シン―『オマージュ』の場合は、ドキュメンタリーを撮った際に、実際、ホン監督の関係者にインタビューしながら足跡をたどった経験がもとになっています。『オマージュ』の中でホン監督が常連だった喫茶店を探し出したのも、ドキュメンタリーの時に実際にやったことで、そういう過程が楽しかったんですね。それがその後の映画のスタイルに影響していると思います。

――『オマージュ』の主人公の名前は『虹』と同じ、ジワンでした。

シン―いずれも私の経験が反映されたキャラクターですが、実話とは違う部分もかなりあります。『オマージュ』のジワン役、イ・ジョンウンさんはキム・ユンソク監督の『未成年』(19)の演技が魅力的でした。出ていたのは少しだけですが、本当にナチュラルで。ポン・ジュノ監督の『パラサイト 半地下の家族』(19)の演技ももちろん良かったですが。『オマージュ』は大きな事件

イ・ジョンウン『オマージュ』
ツインプラスパートナース提供

『オマージュ』ツインプラスパートナース提供

が起きるわけではなく、主人公が核心の映画。主人公がずっと出続ける。だから表情など表現力の豊かな俳優にお願いしたいと思って、イ・ジョンウンさんに連絡しました。

――『パラサイト』の後は引っ張りだこだったと聞いています。

シン―ものすごく忙しいなかで、『オマージュ』に出てくれました。長編では初主演で、悩んだと思います。だけども私は俳優は主演を経験することで大きく成長すると思っています。

――ジワンがホン監督の足跡をたどる中で、当時映画に従事した女性たちの厳しい状況が伝わってきました。

シン―男性の監督は作り続ける人が多いのに比べて、初期の女性監督はパク監督は一本、ホン監督は三本で終わっています。パク監督は子育てをしながら一本撮ったけども、その後出版社に就職しました。『オマージュ』の中で編集技師の女性が昔は「編集室に女性が来るのは縁起が悪い」と塩をまかれたという話が出てきますが、私が実際に聞いた話です。昔の映画の現場の写真を見たら、ほとんど女性がいない。本当に紅一点という感じ。ホン監督は『女判事』を作るまで十年もスクリプターや助監督を経験しています。

――ジワンのセリフを聞けば、今でも女性監督ゆえの厳しさはあるようです。

シン―私もデビューまで長くかかりました。シナリオを持ってミーティングに行ったら、「なんでおばさんが映画を作るの?」と、本当にそう言われたことがあります。「子どももいるのに」と。子どもがいなければ、まだいいみたい。これはジワンのセリフとして使いました。海外の映画祭に行くと、「なんで韓国は女性監督が少ないのか」とよく聞かれました。特にフランスは女性監督が多く、フランスで撮ったらと、勧められたこともあります。

――『オマージュ』も、中年女性が主人公では商業的な投資をしてもらうのは難しく、公的な助成金で作ったそうですよね。

シン―最初から投資はあきらめていました。五ヶ所から助成金をもらって作れたのは良かったけれども、やっぱり低予算の映画は大変。スタッフの人件費も上がって、どんどん厳しくなっています。

――韓国では近年やっと、女性監督が増えてきました。今後続きますかね?

シン―昔に比べると状況は格段に良くなって、女性監督の素晴らしい作品もたくさん出てきました。商業映画を撮る女性監督も増えてきて、続けて撮っていく監督も多いと思います。

――『オマージュ』に出てくる、寂れた映画館がとても印象的でした。コロナ禍で映画館ががらがらになって、閉鎖されていくなか、複雑な気持ちにもなりました。

シン―『オマージュ』のシナリオはコロナの前に書いたんですが、閉館した映画館で撮りながら妙な気分になりました。エンディングは観客のいない映画館のスクリーンにクレジットが出る形にしたんですが、コロナ禍の映画館の状況と重なって見えます。試写会の時、エンディングで涙が出そうになって、ああ、私は映画館で見る映画が好きなんだなと、改めて感じました。オンライン配信サービスも否定しませんが、映画館で見ることの尊さを、『オマージュ』のエンディングを見て体感してほしいと思います。

◉監督インタビュー◉

임순례
イム・スルレ

監督自身の言葉で辿るイム・スルレと、韓国映画界の25年

韓国映画界に女性監督が台頭していくきっかけを作った存在、それがイム・スルレだ。1996年のデビューから現在までに手がけた長編監督作は9本。名実ともに「韓国で最も多作かつ信頼されている女性監督」である。その名を広く世に知らしめた代表作『ワイキキ・ブラザース』(01)から韓国映画界の現状まで、イム・スルレが大いに語った貴重なインタビューをお届けする。

取材・文
=
夏目深雪

優れた女性監督の台頭や女性映画の傑作が近年の韓国映画を賑わせている。もともと強い家父長制や男性のみ従事する兵役の影響もあり、男尊女卑が強い韓国。二〇一六年にソウル・江南駅近辺で起きた女性殺人事件をきっかけにフェミニズム運動が盛り上がったが、それが逆に男性の「逆差別だ」という反発も生んでいる。そんななか、『はちどり』(18／キム・ボラ)を始めとした自伝的に少女を撮った作品群が評価され耳目を集めた。また、今年に入り犯罪映画やサスペンス映画という、今まで男性監督がほとんどだったジャンルにおいても、『ひかり探して』(20／パク・チワン)や『声もなく』(20／ホン・ウィジョン)などの傑作が公開され日本でも人気を博した。

そんな韓国で、九〇年代から活躍していた女性監督イム・スルレ。漢陽大学大学院で映画と演劇の修士号を取得した後、パリ第八大学で映画を学んだ。一九九六年に『三人の友達』で長篇デビューしてから、同じく海外帰国組(アメリカで美術の修士号を取得)のホン・サンスとともに韓国映画の作風の幅を広げたと言われる。

今年の春、映画配信サービスＪＡＩＨＯで、なかなか観ることができなかった長篇二作目『ワイキキ・ブラザース』が配信された。高校時代からのバンド仲間がドサ回りの旅を続ける。彼らは決して華々しい成功をするわけではない。オフビートでどこか物悲しいテーマを選んだ理由から質問をスタートさせた。

二〇〇〇年代
～シスターフッドと家父長制への抵抗～

「あるとき、知り合いの映画監督がバンド活動をしていた高校生のときの経験をシノプシスに書いて、これを映画にしたらどうかと薦めてくれたんです。それは単に高校時代のバンド仲間が二〇年

『ワイキキ・ブラザース』

後に再会するというような話でした。それから私の方でナイトクラブなどを取材し、それを基にして物語を作っていったので、暗い話も盛り込むような形になりました。当時の私の世界観と相俟ってこのような作品になったと思っています。『三人の友達』やこの映画を見直すと、当時私が持っていた韓国社会に対する絶望感や悲観した観方が現れています」

『ワイキキ・ブラザース』では今や韓国を代表する俳優の一人と言っても過言ではないファン・ジョンミンがバンドのドラマーのカンスを演じている。どこか情けない、人間臭い役で、『新しき世界』(13／パク・フンジョン)の華僑の兄貴分のワイルドな役柄とは大分イメージが違う。だが、三〇代にあたる二〇〇〇年代の彼はＨＩＶの女性を愛し続ける純朴な男を演じた『ユア・マイ・サンシャイン』(05／パク・ジンピョ)など、女性にもてない田舎男のような役も多く演じていた。監督はこんなエピソードを教えてくれた。

PROFILE

1960年生まれ、韓国・仁川出身。1985年に漢陽大学校英語英文学科を卒業。1988年フランス・パリに渡り、1992年にパリ第8大学で映画学の修士号を取得。長篇監督デビュー作『三人の友達』は第6回釜山国際映画祭でNETPAC賞を受賞。長篇2作目『ワイキキ・ブラザース』では第38回百想芸術大賞で最優秀映画賞などを受賞した。その後、韓国社会に焦点を当てた作品を多く撮り続けている。

『ワイキキ・ブラザース』

『私たちの生涯最高の瞬間』

「ファン・ジョンミンとの出会いは、二千人近い演劇人たちが参加したオーディションでした。それにファン・ジョンミンが来ていて、彼の強いエネルギーにとても惹かれました。もともとカンス役には別の俳優をキャスティングしていました。その後、その俳優が仕事の都合で出演できなくなったので、ファン・ジョンミンにオファーしたんです。彼は当時、演劇界ではある程度知名度はありましたが、映画には端役で一、二本出た程度で、本格的に出演するのは初めてでした。

撮影中のエピソードとしては、彼は翌日に撮影がないので自由に食べたりお酒を飲んだりして、一人で大騒ぎしていて、次の日撮影がある他のスタッフや俳優たちに怒られたことがありましたね（笑）」

長篇三作目の『私たちの生涯最高の瞬間』（08）は二〇〇四年のアテネオリンピックで銀メダルを獲得した韓国の女子ハンドボールチームの実話を基にした物語で、選手たちの友情を描いている。事実を基にしているため、金メダルをかけた決勝戦に敗れてしまうという結末は決まっている。だが、勝敗を決めるムン・ソリ演じるミスクのシュートをカメラで捉えず、彼女の後ろの選手たちの反応でシュートが入らなかったことを示す演出や撮影が非常に印象的であった。彼女たちの無念さや涙が人生の真実の重みを表しているようで秀逸なシーンである。

「あの場面は試合の勝敗にとっては決定的なシーンです。ただ重要なポイントはシュートが入るか入らないか、勝つか負けるかということではない。重要なのは、夫が死んでしまうかもしれないという状況で、わざわざ戻ってきてベストを尽くしているミスクの姿を描くことだと思いました。ですので、シュートの瞬間は一歩引いた感じで見せて、観客に想像させたいと考えたんです。他のリアクションを見せて、観客にシュートが入るか入らないか想像させようと。あのシーンは絵コンテからそうなっていました」

『牛と一緒に7泊8日』(10)もイム・スルレらしさが詰まった作品だ。農村に住み、両親の農業を手伝っている独身男性ソンホが、牛の糞を片付けるだけの毎日が嫌になって、父親が大切にしている牛を売りに行くというロードムービー。イム・スルレの映画に出てくる男性はいつもどこかだらしなさを纏っていて、どこかホン・サンス映画の主人公との共通点を感じたりもする。韓国は兵役や強い家父長制の影響もあって、「男性は強くならなければならない」という観念が強いと聞く。監督が弱さを隠さない男性を描くのは、そういったことへの抵抗なのだろうか?

「私自身が女性だということもあって、そういったことを敏感にキャッチして表現できるのかな、と思います。韓国社会は画一的なところがあります。他人と同じことをしないといけない、男性だったら男らしくしないといけない、そうしないと冷遇されたり排除されたりする社会です。私としてはそういう枠組みからはみ出てしまう人たちに愛情を持っていますので、キャラクターとして登場させるのが好きなんです」

二〇一〇年代〜社会派映画と日本の作品のリメイク〜

『提報者〜ES細胞捏造事件〜』(14)は韓国で実際に起きた論文不正事件を題材にしている。パク・ヘイルが真実を求めるテレビ局のプロデューサーを熱演する。近年、ドキュメンタリーで『スパイネーション　自白』(16)、『共犯者たち』(17)など、国家やメディアの不正を暴く

『牛と一緒に7泊8日』

ような映画が出てきている。

「韓国の地上波放送局MVCで『PD（プロデューサー）手帳』という時事問題を告発する番組があります。そこで取り上げられていたことを『提報者』で映画化しました。しかし、公開された七、八年前と比べて、現在は韓国のマスコミの状況も大分変ってしまったと感じています。昔は不正の告発という機能をマスコミは持っていましたが、今は『ニュース打破◉』くらいで、地上波を始めとした影響力のあるテレビ局などのマスコミはそういったことをなかなかできなくなっています。以前に較べたらマスコミの信頼度も落ちています。残念ながら、権力に迎合して偏った報道をする記者も見られるのが最近の傾向だと思います」

実話を基にした社会派作品があると思えば、近年の作品『サウスバウンド　南へ走れ』（12）や『リトル・フォレスト　春夏秋冬』（18）は日本の小説や漫画の実写化である。いずれも日本で先に映画化され、後発の作品なのだが滅法面

『提報者 〜ES細胞捏造事件〜』

◉李明博《イ・ミョンバク》政権を批判するテレビ番組を制作したことから韓国放送公社（KBS）や文化放送（MBC）を解雇されたプロデューサーや記者によって、2012年に設立されたニュースサイト。ジャーナリスト、チェ・スンホ監督とともに『共犯者たち』『スパイネーション 自白』を製作した。

白い。日本版も前者が豊川悦司、後者は橋本愛が主演したヒット作になったが、韓国版では前者がキム・ユンソク、後者はキム・テリが主演し、特に『リトル・フォレスト』は韓国のいくつもの映画祭で監督賞、主演女優賞を受賞した。

『サウスバウンド』については、当時奥田英朗の小説が韓国で大変人気で、映画会社もこぞって版権を買っていた時期でした。版権を買ったプロデューサーが私に監督しないかと提案してくれました。日本と韓国は地理的には近く、似ているところもありますが、考え方や文化などかなり違うところもありますよね。映画化するにあたっても韓国の状況に合わせて変えていく作業が必要で、そこに重点を置きました。その作業は大変なものでした。

『リトル・フォレスト』はプロデューサーが当時日本版を映画館で観て、とても感動したそうなんです。彼は当時四〇代半ばでしたが、つらいことがあったらしく、日本版の映画に感動と癒しをもらい、自分もこのような映画を作りたいと思ったそうです。それで私に声をかけてく

『リトル・フォレスト 春夏秋冬』©2018 Daisuke Igarashi /Kodansha All Rights Reserved.

れました』

『リトル・フォレスト』では原作のテイストを生かした日本版に較べ、よりドラマ部分が強調されている。キム・テリ演じるヒロインに焦点が当たり、彼女の男友達と母親との関係とともに、彼女の成長が描かれる。これは韓国人が〝強いドラマ〟を好むからだろうか。

「それもあるとは思いますが、オリジナルに較べると韓国の状況はとても違います。例えば、日本でしたら農村に若い女性が一人で住んでも、治安がいいので安心して暮らせると思います。ですが、韓国では女性が田舎、しかも門がないような家に住んでいるとなったら、その時点で観客は不安に感じるんですね。ですので、近所に住んでいる親戚や友人などを登場させることにしました。また、日本版では犬は登場しなかったと思うんですが、犬を登場させたのもそういった理由からです。

さらに、日本版では主人公がかなりまだ小さい時期、確か中学生の時だったと思うんですが、母親が彼女を置いて出ていってしまう。韓国ではちょっと考えにくいことなので、大学入学が決まってから家を出るという風に変更しました。ただ、時期が遅くなったからといって、ヒロインはそのことにより心に傷を負っている。その傷を母親が教えてくれた料理を作ることによって癒していくというのが大切な要素であることは変わりません。

あともう一つ日本版との違いを挙げますと、日本版では主人公が村にしっかりと根を下ろして、伝統文化にも触れながら生活していました。ただ韓国ではそういう傾向はもうなくて、伝統文化というよりは、友達や隣人などの人間関係を描くことの方が大事だと思うんですね。

また、韓国の観客は強いドラマが好きというよりは、日本映画にわりとよく見られるゆったりしたテンポや静かなシーン、つまり〝余白〟を待てないという傾向があると思います。当初は日本版と同じように『夏・秋』、『冬・春』と二つに分ける案もありましたが、一本で完結させた方がいいだろうと判断しました。四つの季節を一本の作品に纏めたので、余白を楽しむ日

『リトル・フォレスト 春夏秋冬』©2018 Daisuke Igarashi /Kodansha All Rights Reserved.

本版とはまた違う作品になったと思っています」

『リトル・フォレスト』ではキム・テリが素晴らしい。ドラマ的にすごく大きいことが起こるわけではないのに、彼女の一挙一動が観客に大きな喜びを与えるのだ。その手管には舌を巻かされる。

「キム・テリをこの映画にキャスティングしていた時期、ちょうど彼女はパク・チャヌク監督の『お嬢さん』(16)に出演していました。私が彼女を起用したかったのは、何よりも彼女の持っている自然さに惹かれたからです。この作品自体が自然を描いていますので、人工的な美しさではなく、生まれ持った美しさを兼ね備えたような方に出てもらいたいと思っていました。食事をしながら彼女と打ち合わせしたことがあったのですが、とてもよく食べていたのも気に入った理由の一つです。この映画は食べるシーンがとても多いですからね。

撮影中のエピソードとしては、犬の演技を上手くキャッチするのは本当に大変なんですよ。

犬の演技がとてもよくて、キム・テリの演技はそこまでではないかな、というテイクにOKを出したところ、彼女が『監督、どうして撮り直してくれないんですか』と抗議してきたことがありました（笑）」

韓国映画の現状とイム・スルレ映画のこれから

『私たちの生涯最高の瞬間』のムン・ソリにしても『提報者』のパク・ヘイルにしても、男性女性問わずイム・スルレの映画ではみな輝いて見える。演出や演技指導に何か秘訣があるのだろうか。特に日本版と韓国版があるような映画だと、韓国の俳優の素晴らしさに目がいってしまう。この辺りの違いについて監督はどのように見ているのだろうか。

「私は演技を細かくつけるようなタイプではなく、俳優が自由に演じられるように放任しておくタイプです。俳優たちがアイディアを出してくれたり、何か試してくれたりするのを奨励するような撮り方をしています。指摘することがあるとしたら、俳優たちの間のバランスくらいです。

私も韓国の俳優は演技が上手いと思います。俳優に限らず日本人と韓国人を比較した時に、韓国人の方が何かを表現する時にその表現方法が多様だったり、積極的に何かを表現したりという傾向があるように思います。俳優もそういうところがあるのではないでしょうか。また、型に嵌った演技ではなく自分なりの演技をしようという気持ちが強い俳優が多いので、より演技が上手に見えるんだと思います」

最新作『交渉』は二〇〇七年にアフガニスタンで実際に起きた韓国人拉致事件を基にした作品だ。ファン・ジョンミンとヒョンビンというトップスターが出演した大作で、一昨年の夏にヨルダンで撮影され、コロナ禍で海外ロケがストップした韓国映画の中では初めて海外撮影を進めたことでも話題になった。現時点で公開日は未定となっている。

監督は「小さくてもかけがえのない輝きの

パク・ヘイル『提報者 〜ES細胞捏造事件〜』©2014 MEGABOX PLUSM & WATERMELON PICTURES CO.,LTD. ALL RIGHTS RESERVED

ある映画」を撮ってきたという印象があるのだが、この映画は「韓国映画らしいスターによるアクション満載の大作」なのだろうか？　監督はこんな抱腹絶倒のエピソードを教えてくれた。

「アフガニスタンでは撮影できないのでヨルダンで撮影したのですが、ヨルダンは本当に暑いうえ、アフガニスタン人の俳優を探すことにもとても苦労しました。また、そういった俳優たちを纏めて撮影するのも大変でした。

砂漠で撮影していたんですけど、気温が50度くらいあったので、現地のスタッフに『あなたたちは暑いのに慣れていないからきっと倒れるよ』と止められたんです。ですが実際に撮影してみたら韓国人のスタッフは誰一人倒れることなく、倒れたのはヨルダンの人たちでした（笑）」

韓国映画は、特に日本では一九九九年の『シュリ』でハリウッド的なアクション映画の面白さが注目を集め、その後もメインストリームはキム・ギドクやパク・チャヌクといった男性中心主義的かつ残虐なシーンが売りの映画だった。近年は『82年生まれ、キム・ジヨン』(19/キム・ドヨン)を始めとした、女性監督による女性を描いた映画が注目を浴びているが、九〇年代から活躍している監督は韓国映画界の変化をどのように見ているのだろうか。

「仰ってくださったように、二〇〇〇年代以降女性監督も多く登場し、多様な映画が作られ始めています。ただ、コロナ禍で映画業界は大変厳しい状況になり、ストリーミング配信サービスで多くの作品が製作されるようになっています。そうなってくると、ドラマ『イカゲーム』(21)のように、残酷で強烈、暴力的なシーンがあるシリーズものも多く作られる。そういう映画を好む観客は、韓国に限らず世界中に多くいますからね。

韓国の映画界というのは本当に変化が早いので、これからどうなっていくのか分からないところがあります。『イカゲーム』はNetflix製作ですが、同じNetflix製作のものでも、日本のものは、非常に静かなしっとりした作品、繊細で小さなモチーフを映画にしたりシリーズにしたりするものも多く見られます。韓国だったらこういう作品は絶対に作られないだろうなと思ってしまいます。日本映画は小さな物語でも作品にするという非常に独特な作り方がある。日本はどうしてそういうことができるんだろうと考えたりもするのですが、製作費の問題もあると思います。九〇年代くらいまでは、日本で一本映画を作るとすると、韓国で作るよりも高かったんですが、今はそれが逆転して韓国の方が製作費がかかるようになっています。コロナが終わった時に映画界の産業が再編されて、持ち直すのかどうなのか、見届けなければいけないなと思っています。

今、女性監督の中で実力のある方も出てきているのは確かです。ただこのように業界全体が厳しい中で、彼女たちが排除されるような状況になっているというのも一つの現状なのです」

※本稿は『キネマ旬報』二〇二二年四月下旬号に掲載されたインタビューに、加筆したものである。

I 新時代の女性像

contents

한국여성영화

III 韓国女性映画作家名鑑

女性映画と韓国

夏目深雪

I

今年（二〇二二年）の春から初夏は女性映画が必ずどこかの映画館でかかっていた。ゴールデン・ウィークに特集上映「シャンタル・アケルマン映画祭」に行き、女性映画の金字塔として名高い『ジャンヌ・ディエルマン　ブリュッセル1080、コメルス河畔通り23番地』（75）を満席の劇場で観たのは感慨深かった。客席には意外と若い人からサラリーマン風、年配の方まで男性が多かった。

三月には国立映画アーカイブで特集『フランス映画を作った女性監督たち——放浪と抵抗の軌跡』が行われ、四月にはシネマヴェーラ渋谷で特集『アメリカ映画史上の女性先駆者たち』が行われた。

封切映画の方も、「実は美術界や映画界に、こんなに優秀な女性が埋もれていた」という映画が見られるようになった。革新的な抽象画を描きながら世に出ることのなかったスウェーデンの女性画家を描いた『見えるもの、その先に　ヒルマ・アフ・クリントの世界』（19）、世界初の物語映画を撮り、ハリウッドの映画製作システムの原型を作ったと言われながらも、映画史から忘れ去られたアリス・ギイを描いた『映画はアリスから始まった』（22）。いずれも、公式サイトには著名人による「美術史／映画史を書き換えなければいけない」といったコメントが並ぶ。

著名なフェミニストや女性解放運動を描く映画も観る機会が増えてきた。女性解放運動のパイオニア、グロリア・スタイネムとその仲間たちを描いた『グロリアス　世界を動かした女たち』（20）、女性解放運動の活動家たちが乗り込んで騒ぎを起こした一九七〇年の「ミス・ワールド」を描いた『彼女たちの革命前夜』（19）。女性映画の傑作である『ジャンヌ・ディエルマン』といいバーバラ・ローデンの『WANDA／ワンダ』（70）といい、どこかのシネクラブで上映されるのを待つか海外版を購入するしかなかった時代に較べると、両作品観ることができる初夏の日本というのは夢みたいな環境である。

一部で有名だった女性映画の傑作、埋もれていた女性監督の掘り起こしや再評価、女性解放運動やフェミニズムがテーマの映画が次々と製作されること。これらは#Me Too運動、そしてそれによるフェミニズム運動の盛り上がりが原因と言って間違いないだろう。#Me Too運動は二〇一七年一〇月にニューヨーク・タイムズの記者がハリウッドの大物プロデューサー、ハーヴェイ・ワインスタインによる数十年にわたるセクシュアル・ハラスメントを告発する記事を発表したことに端を発する。アリッサ・ミラノが同様の被害にあった女性たちに向けて〝Me too〟と声をあげるようツイッターで呼びかけたことに、ハリウッドの著名人たちが賛同の意を示し、運動は拡大し、映画界のみならずテレビ、政治、報道など各界でセクハラや性的暴行の告発とそれによる処分が相次いだ。

韓国映画界で#Me Too運動に影響を受けた動きで最も有名なのは、キム・ギドク監督に対する告発であろう。一八年の三月、テレビ番組『ＰＤ手帳』に出演した二人の女優が、ギドクから繰り返しセクシュアル・ハラスメントや性的暴行を受けたと告発したのだ。ギドクは内容を否定し、逆に番組関係者や告発した女優たちを告訴したが、二〇年一〇月に敗訴。韓国にいられなくなったギドクは、キルギスなど旧ソ連地域に移住し映画製作を続けたが、新型コロナウィルス感染により一二月にラトビアで死去した。いくつかの作品に女性蔑視的なところは確かにあるものの、カンヌ、ベルリン、ヴェネチア等世界の映画祭を席巻し、かつては韓国を代表する映画監督の一人であったギドクの末路は日本でも驚きをもって報じられた。

遅れて今年、日本でも日本版#Me Tooと言われる動きが起こった。三月に、榊英雄監督による性的行為の強要を、女優四人が週刊誌の配信する記事で訴えたのだ。同じく三月、園子温監督によるセクハラ・性行為強要もツイッター等で告発され、四月には出演女優が園の性加害を告発した記事が週刊誌に掲載された。

冒頭にあげた女性映画ではアジア映画が出てこなかったが、私がアジア映画のシーンでもはっきりと潮目が変わったと感じたのは、アジア映画の映画祭、「東京フィルメックス」の二〇一九年の開催回であった。長らくアジアのアート系映画を紹介してきた映画祭であるが、女性が性的暴行に遭うインド映画『水の影』、夫のドメスティック・バイオレンスを訴える女性を描いたフィリピン映画『評決』、主役を射止めた女優が精神的に追い詰められていく姿を描いた台湾映画『ニーナ・ウー』、女性警官が過疎化の進む島に赴任し、一人の少女が島の複数の男性と売春している事実を知る韓国映画『波高』、男性優位のシステムに果敢に挑む女性医師を描いたサウジアラビアの『完全な候補者』、三人の女性の姿を通してイランの女性問題を描く『ある女優の不在』など、女性問題や映画界の問題、女性と（性）暴力に関わる映画が六作品もあったのだ。

東京フィルメックスは先鋭的な映画を紹介するだけに、キム・ギドク監督や園子温監督を熱心に上映してきた映画祭でもある（園監督に関しては、映画の内容と告発されている内容とはあまり関係がないが）。今までも孤島で性的虐待に遭う女性を描いた凄惨な韓国映画『ビー・デビル』（10）などを上映してきたこともあり、そんなに規定路線を外れている印象を持ったわけではない。ただ、何本かの映画は明らかに（性）暴力を悪として描き、何本かの映画では女性主人公がそれに対して闘っていた。

そう、「性暴力を悪として描」いているのが新しい印象を持った。そう書いて自分でも驚くが、それまでは（勿論一部の映画で、であるが）そうでもなかったのだ。キム・ギドクの『悪い男』（01）はヤクザのハンギが、街で見かけた清楚な女子大生ソナに一目惚れをし、なんと彼女を拉致し客を取らせるという話。ハンギはソナが客と行為をしている間中それを覗き見していて、自分がソナに手を出すわけではない。そういった描写によって、ハンギのソナに対する〝純愛〟を描いている。だが、ソナの立場に立ってみれば、強制的に客を取らせられるなんて、性暴力以外の何物でもない。それが「純愛」の名のもとに正々堂々と描かれる映画なのだ。

また、韓国では「こんな女に誰がした」とばかりに、夜の仕事をする女が堕ちていく姿を描く「ホステス・メロドラマ」が大量生産された時代があった。韓国は儒教社会の影響で家父長制が強固であり、男性のみの徴兵制もミソジニーに影響しているという。二〇年頃から出てきた韓国映画をフェミニズムと絡めて書く仕事の時に、私も必ず理由として出してきた。

　だが、本書の編集作業も大詰めになった頃、石井隆監督の逝去のニュースが流れると、私は呆然とせずにいられなかった。日本では韓国のように女性蔑視的な「ホステス・メロドラマ」が大量生産された時代などないと思っていた。神代辰《くましろ》巳など今でも評価が高い監督たちが精力的に作品を発表していた「にっかつロマンポルノ」は別ものだという認識だったのだ。だがロマンポルノからの流れで撮られた石井作品のヒロインたちが、「ホステス・メロドラマ」のヒロインたちと果たしてそんなに違うのだろうか。『死んでもいい』（92）の主婦名美は、偶然すれ違った若い男・信に一目惚れされ、夫と経営する不動産屋で働き始めた信にある時レイプされる。信は名美の夫の殺害計画を立て、名美も殺害に加担することになる。『夜がまた来る』（94）では暴力団組織に殺された麻薬Gメンの妻・名美が主人公である。自らも組織の組員たちにレイプされ、夫と自分の復讐のために組織に潜り込む。組織の会長に気に入られ、シャブ漬けにされながらも殺害を企てる名美だが、バレて場末の風俗店に売り飛ばされてしまう。

　性暴力が愛を描くために説話上利用されているところもギドクの『悪い男』などとの類似があるし、『夜がまた来る』の名美も『ヌードの夜／愛は惜しみなく奪う』（10）のれんも、ホステスや風俗嬢なのである。そして、理由は様々だが、堕ちていく姿を描写される。何よりも、驚かざるを得なかったのは、私自身、封切当時は必ず劇場に観に行っていた石井映画ファンであったのだ。

　映画における性暴力の告発の発端である、ワインスタインによるセクハラが数十年にわたり続いてきたものであること。そして、最近になって発覚した日本での事例の醜悪さ（こちらも急に起きた事件ではなく、最近になって明るみに出たに過ぎない）。それらに鑑みても、こと女優を始めとした映画産業で働く女性たちの権利保護という意味では、映画はずっと何かを間違えてきたのだと言わざるを得ないだろう。

　「性暴力に遭う女」「性風俗産業に携わる女」「堕ちていく女」は一つのステロタイプであり、ギドクのようにアート系映画において革新的手法とともに描く場合も、石井のようにジャンル映画の中で男性の愛情を表現する手段にする場合もある。いずれの場合も観客の側もステロタイプであることを了解しながら観るわけで、「映画」であることが免罪符にされる。そこで置き去りにされてきたのが実際にその役を演じる女優であることが浮き彫りにされたのが、特に韓国と日本の#Me Too運動であったように思う（ワインスタインのプロデュース作品は成人映画はほぼない。園監督はともかく、榊監督は成人映画寄りの映画を多く撮っていた）。

II

私自身が韓国映画と女性問題を意識したのは、まず二〇年に雑誌『ユリイカ』五月号の特集「韓国映画の最前線」で、『バーニング 劇場版』を中心にイ・チャンドン論を書いてほしい」という依頼が来た時だった。「村上春樹のアダプテーションというアジア的な想像力、あるいはフェミニズムの視座からも書けるのではないか」というのが依頼で、近年の『ユリイカ』においてフェミニズムが重要な要素であることは理解していたが、当初はイ・チャンドンとフェミニズムが結び付くのか懐疑的であった。ただ書き進めるうちに、イ・チャンドンが家父長制にずっと抵抗してきた作家であることが自然と理解され、フェミニズムはその論の大きな柱となった。

続いて、二一年一月に出版された『別冊映画秘宝 韓国映画究極ガイド』への執筆依頼が来た。「韓国女性映画最前線」というテーマで書いてほしいということであった。『はちどり』(18)、『82年生まれ、キム・ジヨン』(19)といった、女性目線の女性映画が活発に生まれている現在の風潮について現実の社会状況とも合わせて考察してほしい。また、『ある女子大生の告白』(58)から、キム・ギヨンの『火女』(71)、『サニー 永遠の仲間たち』(11)などのこれまで作られてきた〝男性監督による女性映画〟との比較もしてほしい」というのが依頼内容だった。その時の編集者が本書でも健筆をふるってくれた岡本敦史氏である。

『映画秘宝』といえばホモソーシャルな男子のための雑誌というイメージがあったので、時代の変遷を痛感した。双方とも、執筆は韓国女性映画ひいては韓国社会を考えるのに非常に役に立った。そして後者のコンセプトを一冊の本に発展させたのが本書となる。

私が「韓国女性映画」を意識したのはいつだっただろうか。『サニー　永遠の仲間たち』は衝撃的だった。再会した中年女性の同級生たちが、絵に描いたような幸せの中にいる人もいれば、日の当たらない人生を送っている人もいて、余命いくばくかの人もいた。それがリアルでよかった。彼女たちが娘を虐めている子たちをやっつけるために、パッパツの制服を着て飛びかかっていくシーンが好きだった。

『怪しい彼女』（14）も好きだった。見た目はうら若き美少女、中身は毒舌のお婆ちゃんというギャップがよかった。彼女が孫のためにずっと若いままでいることをあきらめるところ、そして彼女が自分の母親だと気づいた息子が、苦労ばかりだった母親の人生のことを考えて、「このまま去ってくれ」と言うシーンも好きだった。韓国映画は「時を越える」傑作が多いとずっと思っていた。それはロマンチックな韓流の影響なのだろうけど、それを韓流ドラマに較べるとマッチョな印象が強かった韓国映画において、男性監督が女性のツボを突くような映画を作ることに驚かされた。

女性監督の登場にも驚かされた。ほとんど事件のような『私の少女』（14）、『恋物語』（16）の苛烈さと、クィア映画に驚かされることが多かった。それはＬＧＢＴ映画の幅を広げるような地点に到達した『詩人の恋』（17）まで繋がっている。

日本の男性編集者（『ユリイカ』の編集者も、岡本氏も男性である）が、韓国映画とフェミニズムについて、韓国の女性映画について、並々ならぬ熱意をもって原稿依頼をすること（通常は、もう少し漠然としていたり、こちらに任せる部分が多かったりする）。男性監督が、中年や老年の女性の幸せについての、リアルでありながら感動的でもある映画を撮ること。女性監督が従来の異性愛規範に沿わない映画を撮ること。或いは自画像のような少女が主人公の一連の映画を撮ること（『冬の小鳥』（09）、『わたしたち』（16）、『はちどり』）。日本の角川映画、相米慎二や大林宣彦がずっと少女を描く際にその性の目覚めを描いてきたこととは対照的に、彼女たちの作品での「性の不在」は徹底している。

映画の中では、男性が女性になることができ、女性が男性になれるのが魅力なのだと言ったのは映画研究者の故・加藤幹郎だった。通常のフェミニズムに関する本は、編者も女性、執筆陣も女性で揃えることが多かったように思う。だが、私にとっては編者も執筆者も男女混合で本書を編むのは、だから自然な流れであった。

編集作業も大詰めになり、この原稿を書き始める前に、『声もなく』(20)と『ユンヒへ』(19)の二本立てを名画座に観に行った。試写はオンラインしかなかったので、スクリーンで観るのは初めてだった。二一年の年末にこの二本と『ひかり探して』(20)を観たのが、この本を編みたいという強い欲望の発端となった。新鋭女性監督ホン・ウィジョンの処女作である『声もなく』は、主人公はヤクザからもらう死体処理の仕事をしている口がきけない男である。誘拐した少女を預かることになり、まだ幼い妹と三人での共同生活が始まる。主人公が男性なので「女性映画」とは言い難く、本書ではほぼ扱えなかったが、見直してみて主要登場人物が、障害者か少女と、家父長制からは遠く離れている者ばかりであることに気付いた。末路が想像できてしまう彼らの共同生活は束の間の幸せしかなく、せつない。初見の際はヤクザ、障害者、子供ということで北野武の影響を感じたりもしたが、家父長制が強い韓国ではみ出し者を主人公にすることは日本とはまた違い強い意志や意味合いがあるのだろう。

『ユンヒへ』はお互いに学生時代に好意を持っていた、いまや中年女性となったユンヒとジュンが主人公。こちらは本書の「韓国女性映画ベストテン」にも選出されたので、そちらを参照してほしいが、ユンヒの娘セボムが、お互いに思い合い手紙を送りあっていたユンヒとジュンを引き合わせることがとても重要な気がした。二人が沈黙していた時間の長さや彼女らの周りの人間の描写は、同性愛が市民権を得るには程遠いことを観客に自然と理解させるのだが、一人の肉親の理解者の存在が今までのクィア映画以上に希望を感じさせる作品となっている。そして、何よりも八六年生まれの男性であるイム・デヒョン監督が彼女らの孤独や苦しみに寄り添おうとする脚本や撮影、演出が改めて心に沁みた。

女性たちが声をあげて可能になったのは、決して女性の権利拡張だけではない。男性が女性の「声」を借りて何かを訴えること(それは何だろう?)、女性が今までのものと違う価値観を提示すること。一言で言えば「多様性」なのだが、今までいったい何人のホステスたちがスクリーン上で男たちに蹂躙されてきたのか、そしてその影で泣いてきた女優たちがいたのかと考えたら、その言葉の平凡さにかえって胸が詰まる。

「多様性」を読み解くいくつもの鍵が本書にあることを願って。

韓国の女性映画監督たち

岡本敦史

韓国の女性監督の存在を意識するようになったのは遅く、二〇一四年ごろだった。チョン・ジュリの『私の少女』、プ・ジヨンの『明日へ』が製作された年で、決定打となったのは釜山国際映画祭でシン・スウォンの『マドンナ』を観たことだった。『マドンナ』は臓器提供をめぐる残酷なミステリーであり、社会的抑圧に晒される女性の悲劇を描いた力作である。こういう強烈な映画を撮る監督がいるのか、しかも女性で、と強く印象に残った。それ以来、シン・スウォンの名前は脳裏に焼きついた。

二〇〇〇年代にはパク・チャヌク、イ・ジュニク、ナ・ホンジンら男性監督の活躍に目を奪われていて、そのなかで目に留まった女性監督は、オムニバス映画『もし、あなたなら〜6つの視線』(03)に参加したイム・スルレ、『4人の食卓』(03)のイ・スヨン、『パジュ 坡州』(09)のパク・チャノクほか数人だっただろうか。そもそも、イム・スルレが一九九六年にデビューするまで、韓国で劇映画を撮った女性がたったの五人しかいないという歴史的事実も知らなかった。

今や韓国映画を語る上で女性監督の存在は外せない。国内外の映画祭に参加したときも女性監督による作品は必ず観るようになった(普通に面白そうだなと思ったら監督が女性だった、というパターンも多い)。それまで男性中心だった韓国映画界を彼女たちが変えていく予感があり、そのなかには女性らしい繊細な手つきで自伝的な物語を紡ぐ『はちどり』(19)のキム・ボラ、『夏時間』(20)のユン・ダンビのような監督もいれば、言われなければ女性が撮ったとは気づかないジャンルムービーの作り手もいる。そんな多様性の一端を本書で紹介できればと思っている。

ここ数年でひときわ印象深い女性監督を何人か挙げてみよう。まずはイ・オクソプ。初長編『なまず』(18)が日本でも一般公開されたばかりなので観た方も多いだろう。シュールな笑いに溢れた語り口とキャッチーな画作り、根底にうっすらと流れる不穏なトーンで社会問題にも切り込んでいく、その演出に抜群のセンスの良さが感じられる。ブレイク前のイ・ジュヨンを主演に抜擢したところも含め、図抜けたインパクトを放つ『なまず』は、二〇一九年の大阪アジアン映画祭コンペ部門のグランプリも見事にかっさらった。ちなみに近年の大阪アジアン映画祭では、ほかにも『家に帰る道』(19)のパク・ソンジュ、『チャンシルさんには福が多いね』(19)のキム・チョヒ、『おひとりさま族』(21)のホン・ソンウンといった女性監督の作品が目立っている(短編も入れればもっと多い)。『おひとりさま族』も二〇二一年の同映画祭でグランプリを受賞した。

来日したイ・オクソプ監督に取材した際、「とにかく面白いものを作るのが好きなんです」という率直な言葉が印象に残った。彼女は長編デビュー前から、キム・コッピ主演の『四年生ボギョン』(14)などですでに「短編の名手」として注目され、ファングループまで存在していたという。動画サイトで自作を積極的に配信するなど、まさに新世代の女性監督である。

チョン・ガヨンも韓国インディーズ映画界では有名人の一人だ。自ら監督・主演を兼ねて恋愛とセックスをあけすけに語る女性像を描いてきた彼女は、初のメジャー作品『恋愛の抜けたロマンス』(21)で、その作風をロマンティックコメディに応用。出会い系アプリで知り合った男女の駆け引きを描く軽妙な艶笑喜劇であり、同時にひとつの「性暴力」のかたちも描く現代的ストーリーである。今後、彼女たちがメジャーな舞台でも活躍できることを祈りつつ、いざとなったらフットワーク軽くインディーズに戻ってくることも期待したい。

同じく、インディーズから商業映画へ果敢に乗り込んでいった女性監督には、ソ・ウニョンがいる。独立系作品としては異例の幅広い支持を集めた青春ラブストーリー『超人』(15未)に続き、商業デビュー作『告白』(20)では、少女誘拐事件とDV問題を絡めた社会派ミステリーに挑戦。主要人物のソーシャルワーカー、事件の被害者、警察官の三者を女性に設定し、現代的な「連帯」のドラマを築き上げている。

韓国において商業映画の分野で活躍を続けるのは、男女ともに並大抵のことではない。そのなかで『あなたの初恋探します』(10)のチャン・ユジョンは、文句なしにヒットメイカーと呼んでいい逸材だ。二〇一四年のブラジル映画をリメイクした『正直な候補』(20未)は、コロナ禍にも負けず韓国国内で大ヒットを記録。四期目の当選を狙う女性国会議員が、ある日突然「本音」しか言えなくなってしまうという抱腹絶倒の政治諷刺コメディである。毒舌をまき散らす主人公をパワフルに演じるのは『ガール・コップス』(19)の好演も印象深いラ・ミラン。献身的な補佐官役で、それまで当たり障りのないハンサムかタフガイ役が多かった男優キム・ムヨルを、ものすごくかわいく撮っているのも女性監督ならでは。本国ではすでに同じ監督・キャストによる続編も公開待機中である。

女性監督が手がける作品のジャンルも広がりつつある。ハ・ユンジェの『修理工場』（18未）は、田舎で車の整備工場を営む夫婦が犯罪に手を染めていく過程をじっくり描いたブラックコメディだ。閉塞した田舎の生活感のリアリティ、切れ味鋭いラストシーンは忘れ難い。『金の亡者たち』（20）のパク・ヌリも、金融スリラーという難易度の高い題材を扱い、デビュー作とは思えない力量を示した。『声もなく』（20）のホン・ウィジョン、『ひかり探して』（20）のパク・チワンも、犯罪映画のフォーマットを用いて、鋭い社会観察眼を示した新鋭たちである。

彼女たちの活躍は決して一朝一夕に、突然変異的に起こったわけではない。韓国初の女性監督が誕生した一九五五年から、一〇年間にたった一人ずつしか女性監督が活躍しなかった七〇年代と八〇年代、そして九〇年代後半に訪れた時代の変わり目から、二〇二〇年代の現在に至るまで……その歴史と断絶を振り返るのも本書の役割である。その中で、韓国映画史上六人目の女性監督として登場し、映画作家を目指す多くの女性に勇気を与えたイム・スルレ監督のインタビューを収録できたのは幸運だ。また、卓抜した演出力を持ちながらインディーズを基盤に独自の作風を貫く、シン・スウォン監督のインタビューも必読である。韓国映画界全体を広く見渡しても、この二人の存在感は他の監督たちと並べても抜きん出ている。

もうひとつ本書を通して発見してほしいのが、再浮上を期待したい監督たちのことだ。韓国映画界に限った話ではないかもしれないが、華々しくデビューはしても、二作目、三作目と続けていくことは難しい。二〇〇〇年代には三〇人以上の女性監督がデビューしたが、いまだにコンスタントに作品を発表できているのはごくわずかである。『火車 HELPLESS』（12）がピョン・ヨンジュの最後の劇映画となるのでは寂しすぎるし、イ・スヨンの長編が『4人の食卓』と『犯人は生首に訊け』（17）の二作しかない状況はおかしい。『子猫をお願い』（01）のチョン・ジェウンにも新作をどんどん撮らせるべきではなかろうか。

注目度の高さが活発な活動に結びつかないところが韓国映画の厳しさではあるが、嘆いてばかりもいられない。声を上げて応援し続けることも大切である。チョン・ジュリの八年ぶりの新作『次のソヒ』（22未）を、熱い期待を込めて迎える準備はもうできている。本書からそういう「熱」が少しでも伝わり、読者それぞれの心に芽生えてくれれば嬉しい。

コラム

私の好きな韓国女性映画

『ビッチ・オン・ザ・ビーチ』

ジェンダー・ロールへの強烈な批評意識

暉峻創三
Sozo Teruoka

日本でも多くの韓国女性映画が紹介されるようになってきたが、まだまだ充分に認知されているとは言えない超大物がいる。チョン・ガヨンだ。韓国の映画祭ではカリスマ的人気を誇る監督。だが日本の映画祭では、大阪アジアン映画祭でインディーズ長編デビュー作『ビッチ・オン・ザ・ビーチ』が紹介されたのみだ。

彼女の作品ではたいてい、自身が主演も兼ねている（しかもガヨンという役名で）。本作でも、監督自身がヒロイン、ガヨンを演じる。ここでのガヨンは、現在、彼氏ナシの日々を送っているが、寂しくてムラムラしてくると元彼の家に押しかけ、酒の力を借りて性行為に及ぼうとする女。元彼には今、別の彼女がいるのに、再び縒りを戻そうとまでする相当に〝ビッチ〟な女だ。ちなみに、ヒロインのビッチ度は長編第二作『晩撃ち』（18未）も負けていない。そこでは主人公である監督ガヨンが、目をつけた男の子にさんざん酒を飲ませたあげく、執筆中の脚本のためのリサーチだと称して、性的に立ち入った質問を矢継ぎ早に浴びせていく。こうしたキャラクター造形を通して浮かび上がってくるのは、社会のなかで押しつけられたジェンダー・ロールに対する、チョン・ガヨンの強烈な批評意識だ。その意識はどこか、ユン・ガヒョン監督が『バウンダリー：火花フェミ・アクション』（21）でとらえた、女性が胸や腋毛をさらすことを許容

ビッチ・オン・ザ・ビーチ
2016年／99分／モノクロ
脚本・監督：チョン・ガヨン
出演：チョン・ガヨン、
キムーチェ・ヨンジュン、イ・ハユン

しない社会に抵抗する女たちの姿とも通じ合う。

『ビッチ・オン・ザ・ビーチ』は、元彼の部屋を主舞台に、ガヨンが訪ねてきてから去っていくまでの半日間を、描いていく。女性を主人公に女性の生《なま》の姿を描こうとする映画だが、物語は男性の居場所を主体に、終盤に至るにつれ男性視点の構造になっていくのが面白い。登場人物は脇役も含めると計三人いるが、場面のほとんどはガヨンと元彼の二人だけ。そしてすべてのショットが、最大で二人しか写らない。舞台も、元彼の部屋以外は、近所の街路がわずかに設定されているのみだ。これだけ限定された人物、空間設定で約一〇〇分に及ぶ長編を一分の隙もなく構成できる監督の演出力、脚本力、そして演技力には、ただただ舌を巻かされるほかない。

でも何よりもチョン・ガヨン的な魅力は、その画面の繋ぎ方だろう。ショットの多くは、相当な長廻しで撮られている。けれどそれは、しばしば大胆なジャンプ・ショットで繋がれていく。その、時間の省略を経た先に展開する見事な転調、情緒の変化が、たまらない。

本書が刊行される頃には、彼女の商業長編デビュー作『恋愛の抜けたロマンス』(21)も、日本公開済みなはずだ。初めての商業作。しかもいきなり、『パラサイト　半地下の家族』(19)や『ベイビー・ブローカー』(22)で知られる韓国最大のメジャー映画社、CJ ENMの作品。さすがに監督本人主演とはいかず、『バーニング　劇場版』(18)のチョン・ジョンソを主役に迎えた。けれど『ビッチ・オン・ザ・ビーチ』を見ている人なら、チョン・ジョンソの行動、動作、口ぶりの向こう側に、誰もがガヨンの姿を見出すだろう。商業映画の仕組のなかで監督の特質が殺されないか心配だったが、それはまったくの杞憂だった。

『4人の食卓』

境界を突破する意志を持つホラー

朝倉加葉子
Kayoko Asakura

張り詰めた不安に満ち満ちた、カットごと、芝居ごとにため息が漏れるほどの完成度の高さ。宿命と信念、そして孤独についてのドラマが時制を行き来しながら複雑かつサスペンスフルに重ねられていく。ホラーでありながらジャンル映画的なカタルシスには向かわず、風でところどころかき消える悲痛な叫びの集積がコップからついに溢れ出るような、しかしこの道しかないと泣きながら歩くかのような物語が撒く焦燥と喪失の予感は、観ているこちらをズタズタに切り裂く。たどりつく結末はただただ圧倒的だ。

結婚間近のインテリアデザイナーの男性・ジョンウォンは地下鉄で少女二人の置き去り死事件に遭遇。その後、自宅マンションのダイニングチェアに彼女たちの霊を視るようになる。一方、近隣に住む女性・ヨンは夫と別居し一人で暮らしながら、体調悪化や精神的ショックを受けるといつどこででも気絶してしまう嗜眠症を抱え、精神科に通院中だ。ふとしたきっかけで食卓の少女たちの霊がヨンにも視えることが判明し、ジョンウォンは不安から救われようとヨンにすがる。ヨンは自らが選んだ孤独を破ってくるジョンウォンに少しずつ向き合うが、それにより二人はそれぞれの生傷のような過去に捕えられていく。

ジョンウォンはケアする立場から逃げる男として登場し、対照的にヨンは周囲からケ

4人の食卓
2003年／126分／カラー
脚本・監督：イ・スヨン
出演：チョン・ジヒョン、パク・シニャン、ユソン

アを求められ苦しんでいる。ヨンの夫は庇護したがるのに彼女の言葉は信じず、義母は不出来な嫁への苛立ちを隠さない。そんな中、ヨンの心を開いたのはジョンウォンにとっても転換となる「あなたを信じる」というケアの言葉なのも象徴的で、二〇年前に作られた作品ながら、昨今クローズアップされるフェミニズムとケアをめぐる不均衡が何を生むかを描いてもいる。

脚本・監督のイ・スヨンは大学在学中から注目され奨学金を得てこの脚本を書き、長編デビューを果たした。ジャンル性の強い作品において、いわゆる娯楽映画的でない作りを持つ映画はそこを欠落だと批判されがちで、彼女も本作に限らず過去幾度も言われ、時に侮辱されてきたことを語っている。とりわけどの国でも無意識なマスキュリニティ偏向の視座がまだ当然のようにジャンル映画批評に向けられがちだった当時では、この繊細な作風への風当たりは強かっただろう。しかし明らかに娯楽映画・商業映画の境界を突破しようという意志のある本作のような映画には一元的ではない視点を持つべきだ。そうでないと決して消えない焼印のような、この漆黒の寂寥《せきりょう》を見逃すことになる。

イ・スヨンは長編二作目『犯人は生首に訊け』（17）まで一四年も間が空く。彼女の力量なら例えばパク・チャヌクのようなジャンル性と作家性を両立させる監督として、もっと作品を重ねられたのではと他人事ながら悔しい思いがする。近年の韓国の女性監督が商業作品で見せた可能性、例えば『はちどり』（18）や『82年生まれ、キム・ジヨン』（19）のように繊細さや語りの複雑さと共に社会問題を描写する在り方を備えていた先達としても、今ならもっと広く受け入れられるに違いない。しかし現時点の日本での鑑賞機会は、市場に残っている分だけのセル・レンタルのみ。新たな観客を得られるように、この状況が変わることを切に願う。

私の好きな
韓国
女性映画

『チャンシルさんには福が多いね』

男も子どもも家もなくても幸せ人生

岸野令子
Reiko Kishino

釜山や全州の国際映画祭に参加したら女性監督作品をなるべく見ようとする。けれどスケジュールの都合でどうしても見られない作品も多い。『チャンシルは福も多いね』（原題直訳・19）も釜山で見逃したが、ラッキーなことに大阪アジアン映画祭に出品されて見ることが叶った。これはもう、四〇歳女性の生き方という切実なテーマにもかかわらず、映画ファンを喜ばせる隠し味がたっぷりと効いたご馳走だった。正式公開して日本の観客に見せたい！　というわけで配給に参入した。

女性監督による等身大の女性像という韓国映画が増えてきた中で『チャンシルさんには福が多いね』は、ちょっと異質な作品だ。それはシリアスな中にユーモアとエスプリがちりばめられていて、ヒロインをも客観視する乾いた描写が、私を魅了したのだ。キム・チョヒ監督の自伝的な作品だというのに、きわめてクールである。大人だ。

自分《チャンシル》がプロデューサーとして長年尽くしてきたチ監督が飲み会の席で急死という導入部で葬送行進曲を流すセンス。それまでちやほやしてくれた社長から「プロデューサーなんて誰でも代わりがいる」と餞を言い渡され、人生の立て直しを迫られるチャンシル。その割に悲壮感はなく、郊外の安い部屋に引っ越し、慕ってくれる若手女優ソフィーの家政婦として働き始める。そこで、ソフィーのフランス語の先生としてやって

チャンシルさんには福が多いね
2019年／96分／カラー
脚本・監督：キム・チョヒ
出演：カン・マルグム、ユン・ヨジュン、
キム・ヨンミン、ユン・スンア

来たヨンに心ときめかせるも、彼からは「姉《ヌナ》だと思っている」と言われあっさり失恋。でも、チャンシルにだけ見える幽霊が現れ、彼女を励ましてくれる。幽霊は自分がレスリー・チャンだと言うのである。そういえば、昔、香港映画に夢中だったではないか。本当にやりたいことは何だったのだろう。チャンシルはシナリオを書き始め、映画監督になりたかった自分と向き合う。

ストーリーはそういう感じだが、細部に映画ネタが仕込まれている。家庭教師ヨンの本業は短編映画の監督で、チャンシルと日本の居酒屋風の飲み屋で映画談義を交わすシーン。小津安二郎を愛してやまないチャンシルに「『東京物語』は何も起こらないから退屈だ」と言って、チャンシルをカッとさせてしまう。「何も起こらないのではない。小さな出来事がいっぱい起こっている」と反論、じゃあ誰が好きなのかと問えば、ヨンはクリストファー・ノーランと答える。この時の「ノーラン？」と語尾上げのひとことでチャンシルの気持ちを表現したカン・マルグムの演技力はただごとではない。

幽霊のレスリー・チャンは『欲望の翼』の時のように白いランニングシャツとトランクスで寒そうに登場する。扮するキム・ヨンミンは似ていないようでだんだんレスリーに見えてくるからあら不思議。

そして大家さんとして登場するのは韓国映画の至宝、ユン・ヨジョンだ。女は学問すると浮気すると言われた時代に育ち、歳をとってから識字学校に行っているというハルモニは、娘を亡くしていて、チャンシルを娘のように見守ってくれる。

このようにチャンシルの周りには福をもたらしてくれる存在がたくさんあるのだ。エンディングのイ・ヒムンの歌も忘れ難い。男も子どもも家もなくても幸せ人生ってあるんだよ。

コラム

私の好きな韓国女性映画

『The Witch／魔女』

戦う女の時代がやってきた

土田真樹
Maki Tsuchida

昭和の時代、日本では「女性とストッキングは強くなった」と言われたものだが、韓国映画における女性像が近年はすこぶる強いキャラクターへと変わりつつある。もちろん、これまでも『猟奇的な彼女』（01）のように男を振り回す女性上位的なキャラも描かれはしたが、最後は万民が納得するような旧来の女性像に落ち着いている。製作者であるシンシネ代表のシン・チョル氏に話をうかがったとき「いかに突拍子な女性でも、最後は観客を納得させる設定でなければならない」と、韓国映画で描かれるべき女性像を語っていた。

潮目が変わってきたのは、世界的に「Me Too」が叫ばれ始めた頃から。戦う女性を主人公に据えた映画が同時期に続々と公開され、中でも度肝を抜くほど突き抜けている作品がサイキック・アクション映画『The Witch／魔女』だ。

主人公のジャヨン（キム・ダミ）は、幼少時に組織の実験施設から脱走して老夫婦に保護される。夫婦の養女となったジャヨンは、牧場の仕事を手伝いながら平和な暮らしの中で成長するのだが、経営難の牧場を救うために賞金目当てでオーディション番組に出演し、そこで自身の特別な能力を披露する。だが、それが組織に見つかり、ジャヨンは再び追われる身となる。

The Witch／魔女
2018年／125分／カラー
監督：パク・フンジョン
出演：キム・ダミ、チョ・ミンス、チェ・ウシク

フランス映画『ニキータ』(90)、アメリカ映画『エイリアン』(79)、香港映画『レディ・ハード 香港大捜査線』(85)など洋の東西を問わず、これまでも戦うヒロインは少なくない。しかしながら韓国映画においては、バイオレンスアクションに超能力を加味したヒロインは極めて異色だ。

もちろん、これまでの韓国映画にも戦う女性は登場してきたが、男性主人公の相手役など添え物的扱いが多かった気がする。本作にも男性キャラは登場するが、恋愛対象とはなっておらず、ストーリー上に必要な登場キャラに過ぎない。また、彼女が戦う理由について見ても、家族や友人を守るのはもちろんなのだが、その背景には驚愕する真実が隠されており、タイトルの『魔女』たる所以である。

韓国映画を読み解くキーワードの一つに人間関係を紡ぐ「情」がある。「最後は情に訴えることで観客を納得させる」という韓国映画特有の方程式が、本作では必ずしも合致しない。しかしながら、韓国では観客動員数三一八万人のヒットを記録して観客から多くの支持を集めた。二〇二二年六月には『魔女2』(未)が韓国本国で公開されるなど、時代と共にヒット映画の方程式も変わりつつあるといえるだろう。

ちなみに、本作に主演したキム・ダミ自身もオーディションを経てジャヨン役にキャスティングされ、ドラマ『梨泰院《イテウォン》クラス』に主演するなど今をときめくトレンディ女優に躍り出た感があり、『魔女2』に主演するシン・シアも今後の活躍が期待される。

韓国ではこれまで男高女低と言われ、女性を主人公にした映画はヒットに繋がりにくいといわれてきた。しかしながら、本作以外にも『悪女／AKUJO』(17)など女性主人公のバイオレンスアクション映画がヒットに繋がっており、今後このジャンルが広がりを見せられるか注目されるところだ。

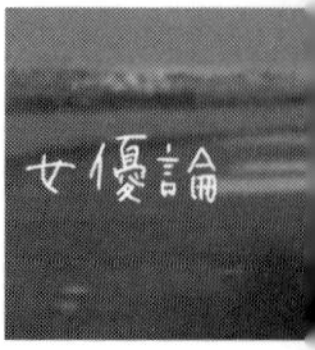

ペ・ドゥナ論
初の女性トリックスター

夏目深雪
Miyuki Natsume

それまでの女優と
ペ・ドゥナの演じる女性像の違い

ペ・ドゥナのフィルモグラフィーを追うことは心地よい驚きの連続だ。勿論今や韓国映画界のトップに立っていると言っても過言でないポン・ジュノのデビュー作の主演俳優（主演女優ではない）というところから、つまり最初から只者ではないのだが（だがペ・ドゥナ自身のデビュー作は『リング』〔98〕のリメイクである『リング・ウィルス』〔99〕で、なんと貞子［役名はパク・ウンソ］を演じている）。

その後も韓国では稀少な女性監督チョン・ジェウンのデビュー作であり、韓国女性映画の記念碑的作品『子猫をお願い』〔01〕、『JSA』〔00〕で注目を浴びたパク・チャヌクの『復讐者

『子猫をお願い』©2001 Cinema Service Co., Ltd., Masulpiri Pictures, All Rights Reserved

に憐れみを』（02）と幅広くキャリアを積んだ。山下敦弘の『リンダ リンダ リンダ』（05）で日本映画に進出したかと思ったら、是枝裕和監督も『空気人形』（09）でペ・ドゥナを起用。ちょうど三〇歳を迎えたペ・ドゥナは日本でラブドールを演じたこの頃から一気に役の幅と活躍の場を広げていく。

『ハナ〜奇跡の46日間』（12）では北朝鮮の卓球選手のエースを演じ、トム・ティクヴァとウォシャウスキー兄弟の『クラウド・アトラス』（12）では『空気人形』のラブドールを彷彿とさせるクローン人間を演じ、ハリウッドに進出した。女性監督チョン・ジュリの『私の少女』（14）ではレズビアンであることによる差別に苦しむ警察官を演じ、是枝監督の新作『ベイビー・ブローカー』（22）やチョン・ジュリの新作『次のソヒ』（22未）でも刑事を演じる。

役柄やイメージが対照的なのはチョン・ドヨンで、長髪を女らしく結うことが多いチョン・ドヨンに較べ、ペ・ドゥナはほとんどの役柄で短髪である。チョン・ドヨンは『ハッピーエンド』(99)のようにキャリアウーマンも演じるが、『シークレット・サンシャイン』(07)のピアノ教師をしながら幼い息子の面倒を見る寡婦や、貧困により麻薬密売に関わり、フランスで長期間拘束されてしまう『マルティニークの祈り』(13)やセウォル号沈没事件で息子を失った母親を演じる『君の誕生日』(19)のように、困難や悲しみを抱える主婦の方がしっくり来る(『シークレット・サンシャイン』でも息子は誘拐されてしまう)。また、『ハッピーエンド』では浮気が原因で夫に殺されてしまう妻を演じていたし、『ユア・マイ・サンシャイン』(05)のHIVに罹患してしまう風俗嬢、キム・ギヨンの名作『下女』(60)のリメイク『ハウスメイド』(10)ではメイドとして入った家の主人と不倫関係になるといったように、性的対象となる女性、性によって身を持ち崩す女性もよく演じる。

チョン・ドヨンは七三年生まれ、ペ・ドゥナは七九年生まれなので六歳しか違わない。七〇年代後半に「ホステス・メロドラマ」としてブームとなり多く製作された〝女性の転落もの〟の残像がまるでチョン・ドヨンに憑依し、そのまま息づいていったかのようだ。ペ・ドゥナはブレイクを果たした『ほえる犬は噛まない』(00)からして今までの韓国映画のイメージを覆すような作風で、商業高校卒で冴えないが正義感が強い女の子が、犬の失踪を巡り勤め先の団地を疾走する姿をユーモラスに演じた。チョン・ドヨン=受動的、ペ・ドゥナ=能動的という言い方もできるが、チョン・ドヨンが古い韓国の女性像を象徴しているとしたら、ペ・ドゥナは新しい韓国の女性像を象徴していると言えるだろう。『子猫をお願い』は商業高校を卒業し、学歴社会で苦しむ四人の若い女性を描いているが、両親がなくテキスタイルの勉強を望みながら食堂で働くジヨンのバラックが崩れ、一緒に暮らしていた祖父母が亡くなって絶体絶命になった時、家のお金をくすね手を取り合って海外脱出を目論むのはペ・ドゥナ演じるテヒだった。〝ホステスもの〟の現代的なアレンジであるかのような『ハッピーエンド』と『ほえる犬は噛まない』がほぼ同じ時期に作ら

チョン・ドヨン『シークレット・サンシャイン』

キム・ヘス『タチャ イカサマ師』

れたことを見ると、ここから二つの道に分かれたことが分かり興味深い。

もう少し他の女優との比較をしてみよう。チョン・ドヨンより少し年上（七〇年生まれ）のキム・ヘスは出演映画の数はむしろ二人を上回るが、ジャンル映画に出ることが多いせいか日本での公開作は限られ、論じにくい女優でもある。限られた公開作の中でも目を引くのが『タチャ イカサマ師』（06）で演じた〝賭博場の花〟チョン・マダム、『コインロッカーの女』（15）で演じた裏社会を支配する母、『修羅の華』（17）で演じた娼婦出身で犯罪組織を巨大組織に育て上げることによって組織のナンバー2になったヒョンジョンである。いずれも裏社会で権力を持つ女で、セクシーなドレスや奇抜な髪型で存在感を主張する。典型的な韓国ノワールである『修羅の華』では本格的なアクションも披露し（キム・ヘスの特技はテコンドー）、韓国ノワールとはあくまで男性の世界で女性は添え物だった時代からの進化を感じさせる。三〇代で演じた『タチャ イカサマ師』ではヌードも披露するが、四〇も半ばになってから演じた『コインロッカーの女』『修羅の華』は自らの衰えた肉体も演技の道具にするような凄みがある。

キム・ヘスはまた、『国家が破産する日』（18）では国家破産に一人だけ危機感を持ち奔走する銀行のチーム長を演じ、『ひかり探して』（20）では孤島での少女失踪事件を追う、自分も夫との離婚裁判など問題を抱えた刑事を演じた。正義感の強さや、不幸な少女に肩入れする刑事といった役柄はペ・ドゥナとの共通点を感じる。だが、同じような役を演じる二人を較べてみると違いもよく分かる。キム・ヘスは義務感や悲壮感が一番に来るのに較べ、ペ・ドゥナは常に自分を曲げないという意味では堂々としている。例えば、『私の少女』でペ・ドゥナが演じたヨンナムはレズビアンであることによって立場的には追い詰められているが、酒に溺れるのも自己嫌悪や自暴自棄になったというよりは恋の悩みであるように見える。『ひかり探して』でキム・ヘスが演じた

『私の少女』

『グエムル―漢江の怪物―』Photo：Everett Collection/アフロD

ヒョンスは、明らかに浮気するなど不誠実な夫が悪いのに、精神的に追い込まれ自分を責めている。

ペ・ドゥナはアスリートを演じることが多く（『頑張れ！グムスン』〔02〕の元バレーボール選手、『グエムル―漢江の怪物―』〔06〕ではアーチェリー選手、『ハナ 奇跡の46日間』では卓球選手）、Netflixのドラマ『センス8』（15～18）では元キックボクサーを演じ本格的なアクションにも挑んでいる。だがアクションスターというほどではなく、『グエムル』でもナムジュは「のろま」なことが原因で優勝を逃すアーチェリー選手だし、『ハナ』でもリ・プニは韓国の選手に金メダルを取られた銀メダル取得者である。キム・ヘスが喧嘩には滅法強いが精神的には脆い役柄を演じることが多いのに較べると、むしろ精神的な強さがあるように見える（『グエムル』でものろくてみんなが逃げようとする車に乗り遅れたりするものの、最終的にはナムジュの放つ矢が怪物を仕留める。『ハナ』のプニも南北統一チームで精神的なリーダーとなりみんなを引っ張っていく）。

『リング・ウィルス』

受動的な身体を演じた『空気人形』

ヌードの話が出たのでその話をすると、ペ・ドゥナは「意外と」脱いでいる女優である。本人曰く「物語上必然性があれば脱ぐのは問題ない」ということだが、意外に感じるのはチョン・ドヨンやキム・ヘスのようなセクシーなイメージがあまりないからだろう。若い時の「ヌード」や「セックスシーン」ありきの映画の出演も違和感があるし、ある程度キャリアを積んでから「脱ぐ」のが必然の役柄に挑むのも「そんなことをしなくても……」と思ってしまう。

『リング・ウィルス』では日本版では省略された半陰陽者という設定が生きたパク・ウンソ(貞子)を演じ、井戸に投げ込まれた理由が、腹違いの兄とレイプとも合意の青姦とも取れるセックスを行おうとして、男性器に驚き飛びのいた兄の手を取り自分の秘部に当て、パニックになった兄に衝動的に殺されるというものである。

『プライベートレッスン 青い体験』(00)ではタイトルから予想される通り、主人公の大学時代の恋人であるナースを演じ、大胆なセックスシーンを体当たりで演じているという。『復讐者に憐れみを』でも騎乗位での聾唖の恋人とのセックスシーンが出てくるが、「物語上必然性がある」かというと、少し考えてしまう。

私は長いこと『空気人形』を観ることができなかった。日本人の監督が、韓国の女優にラブドールを演じさせるというのがどうしても食指が動かなかった。旧宗主国の男性監督が、旧植民地の女優を性的な目的だけに作られた人形を演じさせるというのは、どうしても従軍慰安婦のことを想起させる。その出来事から既に八〇年近く経っている今となっては、ナイーブ過ぎる反応かもしれない(とはいえ、従軍慰安婦であることを強いられた方々にはまだ存命の方もいるのだ)。新作でもペ・ドゥナを起用した是枝監督は日本人である前に一人の映画監督で、韓国人である前に一人の女優であるペ・ドゥナに惚れ込んだというだけなのかもしれない(いや、そりゃ勿論そうだろうけれども)。この原稿を書くために観たところ、半ば想像通りで半ば想定外であった。

想像に反して、ペ・ドゥナの最初のヌードシーン以外そんなに嫌な感じは持たなかったのだ。ビニール製の人形を生身の女優に演じさせることが、既に十二分に危ういことだと思う(よって、人形が心を持ち始める＝ペ・ドゥナが演じ始めるこのシーンへの違和感はどうしても残る)のだが、ペ・ドゥナが演じなければもっと監督のフェティッシュ性が勝った映画になったのではないか、と感じた。身勝手なものになるのか、エロいものになるのか結果は分からないが、とにかく女性全般からブーイングが来るような映画……。

ペ・ドゥナ演じるのぞみは人形だが、途中から心を持ってしまうので、受動→能動と変化する。いつも演じている役柄よりは勿論受動的に演じているが、ペ・ドゥナの身体が持つ〝強い自我〟のようなものはずっとそこにある。ペ・ドゥナはセクシュアル・マイノリティだろうと

『復讐者に憐れみを』Photo：Collection Christophel/アフロ

留学生だろうといつも毅然としている。彼女が持つ芯のようなものが、現実的には日本人の中で（時には裸も曝け出して）韓国人として演じること、作劇上は心を持ってしまったものの「主人」である秀雄にそれを打ち明けることができず、一方的なセックスにも応じる「人形」であることに甘んじるのぞみを、ギリギリのところで「可哀想な女性」であることから逃れさせている。

「可哀想な女性」というのは前述したようにチョン・ドヨンの十八番だし、キム・ヘスもセクシーなドレスと奇抜な髪型で男性や娘たちを顎で使い倒した後は、「可哀想」な結末を迎える。チョン・ドヨンのように美しく優しい気遣いをしながら暮らしていても、いやだからこそ不幸な目に遭うというのが第一段階だとしたら、次の段階、「出る杭は打たれる」というのがキム・ヘスである（チョン・ドヨンは「ホステス・メロドラマ」に、キム・ヘスはノワールというジャンルに縛られている面も、勿論あるのだろうけど）。ペ・ドゥナは不思議な自立感があり、何故か可哀想な役柄でもあまり可哀想に感じられない。

それはラブドールを演じるに当たっても役に立っているだろう。ファンタジー性、どこか地に足が着いていない感じ。チョン・ドヨンが演じたら変に肉感的になってやっぱりエロい話になるだろうと思われる。キム・ヘスが演じたら終盤の惨劇がもっと血みどろ肉塗れのものでなければ収まりがつかなかったかもしれない。この映画では、原作のテイストを生かしてとても綺麗に、余韻を残した終わり方をする。

また、この役を演じた時にペ・ドゥナは三〇歳だったが、少女性のようなもの、また、どこか人間離れした、異星人感、別の次元、別空間にいる感じは、ほかの出演作の役柄にも見て取れる。マンションの管理事務所で経理を担当しているにもかかわらず、相次ぐ犬の失踪に首を突っ込んでいく『ほえる犬は噛まない』のヒョンナム。高校を卒業後、ソウルの会社に勤務しOL然としていくヘジュと、四人のうちで最も貧乏で将来の展望もないジヨンとの仲を必死に取りもとうとする『子猫をお願い』のテヒ。革命運動家として「財閥解体」「米軍追放」などというスローガンのビラを撒いたりしている『復讐者に憐れみを』のユンミ。どこか地に足がつかない感じは彼女のイメージの基盤となるものであり、もっと高邁な理想を追い求め、普通だったらめげてしまう男尊女卑や学歴社会をものともしないからこそ（別の世界にいるのだろうか?）、それらを突破する一歩を踏み出せるのだ。

ペ・ドゥナの後に続く若手女優たち

ヌードがいやらしくないといえばペ・ドゥナより若手に当たるキム・テリもそうだ。九〇年生まれの彼女は、イ・ジュヨンと並んで今注目の若手女優だろう。キム・テリが映画でヌードを披露したのはパク・チャヌクの『お嬢さん』（16）のみだと思うし、ここでのヌードもそんなに露出が高くも、シーン数が多くもない。彼女のヌードがいやらしく感じられないのは、どことなく育ちのよさを感じさせる彼女の雰囲気に拠っているのではないかと思う（『お嬢さん』では、役柄のせいもあるだろうがキム・ミニのヌードの妖艶さの方が印象に残る）。キム・テリは『お嬢さん』のメイド役で内外の新人女優賞を席巻した後は、『１９８７、ある闘いの真実』（17）で民主化運動家の内通者である看守ビョンヨンの姪で彼に協力する大学生を演じた。女性監督イム・スルレによる日本の漫画の再映画化『リトル・フォレスト 春夏秋冬』（18）で村で一人暮らしをして地産地消の生活をする若い女性を演じた後、Netflixのドラマ『スペース・スウィーパーズ』（21）では頭はいいが気性が荒い宇宙船の船長を演じた。

今夏本国で公開するチェ・ドンフン監督の『宇宙＋人』（22末）は高麗末期と現代を舞台に、噂の神剣を手に入れようとする道士たちと、現代の人間の体内に収監された宇宙人囚徒を追う人々の間で時間の扉が開いて……という物語だそう。予告編を見る限りキム・テリは赤い装束を着て飛び回っているので、高麗末期の道士の役ではないかと思われる（少なくともエイリアンではなさそう）。

綺麗系というより可愛い系のルックス、芯の強さや気の強さ、セクシームードの無さなどキム・テリとペ・ドゥナの共通点は多い。アスリートや戦士を演じアクションをこなすところも共通していて、テレビドラマとしては異例の四三〇億ウォン（約四三億円）を投じ、ケーブルテレビでの放送ながら一八年に韓国で放映されたドラマで視聴率二位を記録したという『ミスター・サンシャイン』（18）では、日本の植民地時代を舞台に、貴族の令嬢ながら射撃の名手であり義賊として朝鮮の主権を取り戻すために闘うコ・エシンを演じた。男もののスーツに帽子を目深にかぶり屋根から屋根へと飛び回るキム・テリは女性が見たらテンションが上がるだろう（しかもトップスターであるイ・ビョンホンを始めとしたイケメン三人に求愛されるという女性上位ぶり！）。

ペ・ドゥナとの違いについて考えると、ペ・ドゥナは時代劇に出演することは珍しい。ペ・

キム・テリ『1987、ある闘いの真実』

ドゥナの現代的かつ異星人的な雰囲気に時代劇はいかにも合わなさそうだ（彼女が珍しく出演したNetflixオリジナルシリーズ『キングダム』はゾンビ＋時代劇という変化球である）。「そこに属さない」のがペ・ドゥナの強みであり、いるだけで未来の雰囲気を漂わせ、状況をそこから先の時空に引っ張っていくことができる。エイリアンこそ演じないものの、人間ではないものを何度か演じていて、日本映画でラブドールを演じてから、ハリウッド映画では違う時空では女神として崇められるクローン人間のソンミ451を演じたのは、材質（ビニールの人形からクローン人間）からも目的（性処理から給仕へ）からも昇格といってよいのではないか（いや、そう考えると、やはりペ・ドゥナにラブドールの役なんかをオファーした是枝監督に怒りがこみ上げる。『クラウド・アトラス』のペ・ドゥナへのオファーは、勿論監督たちが『空気人形』を観たからなのではあるが）。

　民主化運動を陰ながら支える女子大生を演じたり、目的を達することはないものの、植民地時代に朝鮮の主権を取り戻すべく文字通り体を張って闘う女性を演じたり、キム・テリの韓国という国家との一体感のある役柄への寄り方は気になるところだ。彼女の持つ自然体でありながら品がいいという資質がそうさせているのかもしれない。べらんめえ調で喋る『スペース・スウィーパーズ』の船長や、男装する『ミスター・サンシャイン』など、中性的な役が多くなっているのも特徴の一つであろう。

　この方向性をもう少し進めると商業映画デビュー作品である『野球少女』（19）で高校の野球部で選手として活躍した実在の人物を基にしたチュ・スインを演じ、『梨泰院《イテウォン》クラス』（20）でトランスジェンダーを演じたイ・ジュヨンとなるだろう。イ・ジュヨンはむしろ女性的な面立ちの韓国男優といった雰囲気のきりりとした顔立ちで、髪は短髪といってもボブであったペ・ドゥナに較べても（特にこの二作では）かなり短い。韓国は近年フェミニズムが盛り上がっているが、若手女優たちは男性しかできなかったスポーツや闘争を、セクシーなドレスや奇抜な髪型なしでこなし、男性たちを感嘆させ、実際にまだまだ残る不平等やミソジニーに喘ぐ女性たちの希望を紡ぐ。

ペ・ドゥナに話を戻すと、キム・テリが韓国という国家に寄っていっているとしたら、ペ・ドゥナは日本映画、そしてハリウッド映画への出演と、韓国からは離れていっている。よく日本映画界の閉鎖性を揶揄するのに、韓国映画界との比較になる。日本の人口は約一億二五〇〇万人もいるからぎりぎり国内だけで回せていけているが、韓国みたいに五千万〜六千万人の中で作れと言われたら外を向くしかない。市場を国内に限定しないのが、韓国映画が全世界に通用する映画を製作できてきたことの大きな要因だと言われる。作風がアート系のものでもエンタメ性もあり、韓国ローカルな題材を世界中の人が理解できるような映画作法で打ち出す「グローカル」映画の二〇〇〇年以降の勢い。それらが、ポン・ジュノの『パラサイト 半地下の家族』(19) のカンヌ国際映画祭での初の韓国映画のパルム・ドール受賞、そして非英語映画として初の作品賞受賞を含むアカデミー賞最多四部門受賞の快挙に結実したと言われる。

国外市場に目を向け製作し続けたことによって向かうところ敵なしと言われる韓国映画。ポン・ジュノやパク・チャヌクといった二〇〇〇年以降の韓国映画を牽引した監督たちと仕事をしてきたペ・ドゥナは、果たして韓国映画から離れる必要があったのだろうか。前述したように、先輩であるキム・ヘスやチョン・ドヨンが演じる役柄を見ても結局は「おばさん」は可哀想なものだという通念からなかなか逃れていない印象を受ける。彼女の、地に足が着いていないまま、現実を変え、現実を未来へと引っ張る力は、そして最終的には「勝つ」特性は、年を重ねた場合韓国では上手く嵌る役柄を見つけられないのだろうか。それとも、彼女の持つ異邦人感が日本映画やハリウッド映画という海外の映画で外国人や人形、クローン人間を演じることの方にぴったり嵌ったのだろうか。今年四三になる彼女の相変わらず少女然とした雰囲気を見ると、両方の理由であるような気がする。
だが、そもそもペ・ドゥナは何故必ず最後は「勝つ」のであろう。必ず勝つというのは言い過ぎかもしれない。『復讐者は憐れみを』ではユンミは拷問の結果殺されてしまうし、『クラウド・アトラス』でもソンミ451は自分を酷使する純血種に革命家たちと立ち向かおうとし、処刑されてしまう。だが、『復讐者は憐れみを』では復讐の連鎖で主要登場人物の全員が死ぬというストーリーラインがキモだし、『クラウド・アトラス』では未来の、文明が崩壊した島ではソンミは女神のように崇められている。

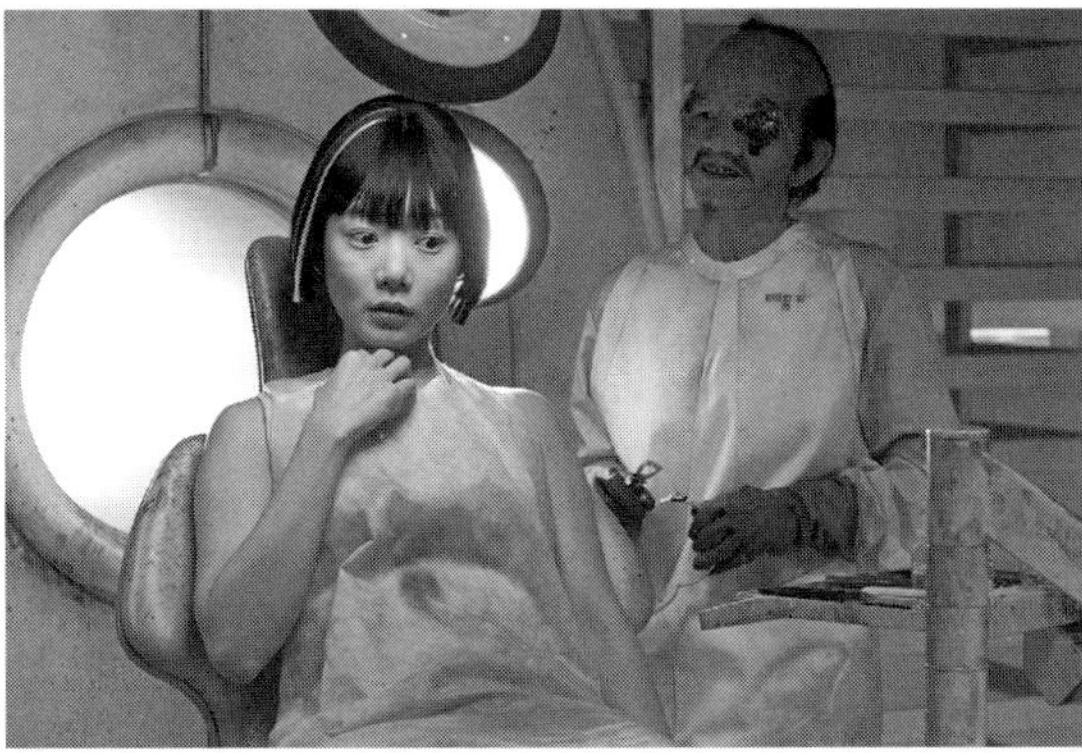
『クラウド・アトラス』

その美しさや優しさ、その反対の気の強さ、腕っぷしの強さが、だんだんと女性だからというミソジニックな理由で不幸で可哀想な結末に向かう「韓国映画で女性がずっと通ってきた道」を、ペ・ドゥナはずっと通らないできた。勿論、キム・テリもイ・ジュヨンも今のところ通りそうもない。だが、それはペ・ドゥナが作った道があるからではないか？　また、彼女たちが年を重ねていった時はどうだろうか。ペ・ドゥナのように、ずっとその道を通らないでいられるだろうか。
次章では、ペ・ドゥナがずっとトリックスター的な役割を果たしてきたのではないかという仮説を検証していきたい。

トリックスター、ペ・ドゥナ

トリックスターとは、いたずら者、神話的道化のこと。神話や物語の中で、詐術やいたずらで神や自然界の秩序を破り、結果的に物語を展開する者である。ペ・ドゥナ＝トリックスターという説を思いついたのは、彼女がずっとチャウ・シンチーのファンであったという事実と、いくつかのコメディ映画による。

『ほえる犬は噛まない』

勿論彼女は従来の韓国映画のように、男性主人公がメインで自身は添え物的な扱いの映画にも出演している。そういった映画でペ・ドゥナは、スリ（『TUBE チューブ』(03)）、大物会長の養女で、情報局を含めたあらゆる業界に顔が利く女（『麻薬王』(18)）と一風変わった、力のある女なのであるが、最終的には恋人を失って泣いたり、ソン・ガンホ演じる麻薬王の愛人になった挙句捨てられたりと普遍的な結末に回収されてしまう。

主役を演じているのは『ほえる犬は噛まない』、『頑張れ！グムスン』、『春の日のクマは好きですか？』(03) と何故かコメディ作品が多い。『子猫をお願い』と『リンダ リンダ リンダ』は女の子四人が対等に描かれているのがキモだし、コメディタッチでない主演作は『空気人形』と『私の少女』くらいだ。そして、私が注目したのは『春の日のクマは好きですか?』を除いてアクション・コメディ的であることだ。

トリックスターは道化でもあり、逆転の可能性を持つものである。アメリカの文化批評家ルイス・ハイドによるトリックスターの特徴は以下のようなものである。[1] トリックスターは旅をしている。いつも路上にいる。つまり、定まった場と場の間にいる状態である。自分の技を持たない。生物が変わりゆく世界に自分を合わせられるように。また、盗みを働いたり、嘘をついたりするが、そのことで真と偽を区別する境界線を消してしまい、対立構造を無効とし、そのことによって世界の可能性を開くのである。ハイドは、偶然を創出したり、それに対処する能力をトリックスターの知性のしるしと考える。

映画においてトリックスター的なスターは、マルクス兄弟とバスター・キートンだと言われる。私はジャック・タチとチャウ・シンチーを付け加えたい。いつも路上にいる、自分の技を持たない(持っていても強いわけではない)、盗みを働いたり、嘘をついたりするが、そのことで真と偽を区別する境界線を消してしまい、世界の可能性を開く。

偶然に開くドア、偶然に当たる足、ドミノ倒しのように倒れていく物や人。『ほえる犬は噛まない』や『頑張れ!グムスン』のペ・ドゥナ演じる主人公は、路上を走り、走り、粗相をし、今度は敵に捕まりそうになり、また走り、走り、今度は敵を捕まえそうになり、結果的には逃す。

無声映画の時代のマルクス兄弟とキートン、無声映画にオマージュを捧げたタチがコメディアンであるのに対し、現代のトリックスターがアクションスターであるのは必然であろう。無声時代のコメディアンたちは、身振りや表情、そしてアクションでのみ笑いを創出した。そういう意味では彼らはアクションスターでもあったのだ。チャウ・シンチーはアクションとコメディを融合させた稀有なスターだ。勿論ジャッキー・チェンもコメディタッチの作品を作って

●1『トリックスターの系譜』ルイス・ハイド著、伊東誓・磯山甚一・坂口明徳・大島由紀夫訳、法政大学出版局、二〇〇五年、五九七頁。

◉2 「道化的世界」、『山口昌男著作集3　道化』、筑摩書房、二〇〇三年、三二五頁。

いるのだが、チャウ・シンチー特有のナンセンスで、他人には意味の摑めない咄嗟の切り返しとアクションは「無厘頭《モウレイタウ》」と呼ばれ一世を風靡した。

我が国を振り返ってみても真田広之のようなアクションスターはいるものの、コメディ俳優がいないことに気付かされる。そもそもコメディ映画といったら三谷幸喜のような小市民的なギャグが披露されるものしかない。ビートたけしが映画に挑戦したが何故かヤクザもので、松本人志が撮ったものも何故かモキュメンタリーである。志村けんが亡くなってしまい本当に誰もいなくなってしまった。

文化人類学者の山口昌男は『道化の民俗学』(75)で、「道化」及び「カーニバル」という概念を援用しながら、世俗的世界の構造を異化することによって日常の秩序を改変する、全く新しい展望を示した。山口は著作『道化的世界』(75)においてもアメリカの神学者ハーヴェイ・コックスの論を提示しながら、現代において喜劇が存在しない理由をこう説明する。人間が意味についての複数の世界の渦巻の中に生きている限り、喜劇は可能である。しかし生活世界は、多次元の現実の存在を許容しないということによってその存続を自ら保証してきた。「公的」に認められた単一次元の現実のみで黒白を決めることが「生真面目」な態度として容認される最低条件になっているのである。「近代科学の人間性についてのオプティミズムが道化の棲息を不可能にして、道化の息の根を止めたといわれる。少なくとも十八世紀以後文学・芸術・思想の檜舞台から道化は姿を消したように思われる。[2]」

「強く」ないもの、愚者。トリックスターは、子供/異人/狂人/阿呆/道化である。映画がトーキーになり、別の映画文法ができ、みんなそれにかまけるようになってしまった。シナリオの構成による起承転結、台詞の妙、そういったものが幅を利かせ、一人のトリックスターがその身体とアクションのみで物語を展開していくようなことは稀になってしまった。シナリオに縛られた俳優/役たちは、ジャンルに縛られ

（ノワールであれば最後主人公は死ぬ）、社会通念にも縛られ（女性が社会を変えるようなことはない）、「跳ぶ」ことはない。

ペ・ドゥナが出ている映画は単なるコメディでもない、そして単なるアクション映画でもない、どこにも属さない者が走りながら世界を攪乱し、変態しながら様々な境界線を消してしまい、世界の可能性を開く映画なのである。ペ・ドゥナは若い女性なのにそれをやり遂げた。明らかなアクション・コメディ映画は『ほえる犬は噛まない』と『頑張れ！グムスン』しかないが、彼女の演じた役柄を見ればエッセンスはずっと残っていることが分かるだろう。

半陰陽者やレズビアンなどのセクシュアル・マイノリティ、革命家や犯罪者、今一つ強くなかったり引退したアスリート、留学生、ラブドールやクローン人間。彼女がその大きい目を見開くだけで、彼女が走り出すだけで、世界はゆらゆらと揺れ、パックリと大きな穴が開いて違う次元が開けていくようだ。

ルイス・ハイドによると、トリックスターは様々な先人の調査の結果、一部を除きほぼ全て男性だったため、家父長制的神話の一部だと結論づけられた。母系制のアメリカ原住民の集団においても、トリックスターは男性だったのだ。だが、ハイドは「虚言、盗み、破廉恥な振る舞いは男性的本質ではない」と（いささか女性蔑視的でもある）指摘をする。

つまり、トリックスター／道化は、家父長制をカーニバルやその宇宙的リズムによって、生まれ変わらせる役割を持っている。初の（少なくとも映画では初であろう）女性のトリックスターが、長いことその強固過ぎる家父長制とミソジニーに苦しんできた韓国から出たことは偶然なのだろうか。全ての境界線にいる者を呑みこみながら、ジェンダーも国境も超えた何かの象徴となって、彼女は走り続ける。それは一体何の象徴であろうか。複数の世界に存在するはずの彼女にただ目を凝らす。決めるのはスクリーンを凝視する我々にかかっている。

虚空と慟哭
チョン・ドヨンの演技

北村匡平
Kyohei Kitamura

1　避役《カメレオン》

韓国映画界でもっとも国際的に評価されている俳優としてまず名前があがるのはチョン・ドヨンと断言して間違いないだろう。どんな役も別人格が憑依したかのように演じ分ける演技派としての格別な評価が与えられている。「カンヌの女王」という異名を取り、国内外で数々の演技賞を授かっていることも、彼女が韓国映画界に「女帝」として君臨していることの証左である。

一九七三年生まれ、スカウトを経て一九九〇年にCMモデルとしてキャリアをスタートしたチョン・ドヨンは、『われらの天国』（90〜94）で女優としてデビューを飾り、テレビドラマで活躍した後、『接続 ザ・コンタクト』（97）で映画に進出、清純なイメージで現代の若者を繊細

『スキャンダル』

に演じた。『接続』は大ヒットを記録し、大鐘賞と青龍賞で新人女優賞を獲得、彼女は一躍スターとなる。その翌年の暴力団のボスと女性医師の恋を描いた『約束』(98)もまた優れた興行成績を残した。

初期の作品で驚かされるのは、一九九九年に公開された『我が心のオルガン』と『ハッピーエンド』における、同じ役者が演じているとは思えない、相反する人物の造形力である。前者は二七歳で一七歳の小学生を演じ、若い教師に慕情を抱く思春期の女性の純真なイメージを体現する一方、後者では無職の夫と子供を養いながら不倫に溺れるキャリアウーマンを演じ、序盤から不倫相手との生々しいベッドシーンを見せた。純真さと妖艶さを容易く演じ分けるこの女優は、その後も、『私にも妻がいたらいいのに』(01)において清純で一途な塾教師を演じつつ、女性中心のアクション映画『血も涙もなく』(02)では対蹠的に気性が激しいクレイジーな女を泥臭く演じた。一方、『スキャンダル』(03)で死別した夫に仕え、貞節を守る古風な女性を演じたかと思えば、『初恋のアルバム 人魚姫のいた島』(04)では、都会の平凡な娘と野暮ったい田舎の島の娘を一人二役で見事に演じ分けた。

彼女がスクリーンに映じる千変万化のイメージには誰もが吃驚させられる。チョン・ドヨンは、どんな役柄でも変幻自在に姿を変える卓越した「カメレオン女優」だとひとまずいえるだろう。しかしながら、こうした陳腐な言葉でいいあらわそうとするだけの批評言説は、この名優の本質を捉え損ねているといわざるをえない。また、この頃までの彼女は、恋愛映画を基本とする演技派の青春スターにほかならず、人間そのものを深く掘り下げる極致には達していなかった。彼女の初期の到達点にして、この傑出した俳優の特質がスクリーンに表出したのは、その演技が高く評価され、主演女優賞を総なめにしたパク・チンピョの『ユア・マイ・サンシャイン』(05)とイ・チャンドンの『シークレット・サンシャイン』（07）だろう。

2 虚空

『ユア・マイ・サンシャイン』は実話をもとにした作品で、田舎町の接客茶房《タバン》で働くホステスのウニ（チョン・ドヨン）と、農家の純粋な中年男のソクチュン（ファン・ジョンミン）との恋愛を描いたメロドラマである。独身の彼はある日、ウニに一目惚れし、彼女に避けられながらも求愛を続け、ついには結婚するにいたる。だが、ウニはエイズに感染していたことが発覚し、彼の元を去る決意をする。彼女はどん底に突き落とされ、二人は引き裂かれるが、深い愛で乗り越えてゆく。

これまでは作品ごとにまったく違う人間を造形する技巧的な側面が際立っていたが、『ユア・マイ・サンシャイン』では人間の本質に肉薄する演技を見せた。物語の中盤で二人は幸福の絶頂を迎える。ベッドで結ばれるシーンのこれ以上ないという幸福に満ちた愛情の交感、夜桜が舞う道を懐中電灯を手におんぶして二人が歩く美しいロングショットは観る者の心に深く沁み渡る。ところが、ここで散りゆく桜は、彼女たちの幸福が束の間のものであることを告げるだろう。中盤から元夫と自称する男が現れると物語は一転、ソクチュンは彼女がエイズに感染していることを知り、ウナは昔の男との揉め事で突然失踪することになる。娼婦になった彼女は、客にエイズを故意に感染させた疑いで刑務所に入れられ、どん底まで突き落とされる。

独房で突如見る幻想のショットで、あの夜桜が反復して彼女に舞い散る。紛い物の桜とともに画面は途方もない美しさと悲哀を湛える。この虚空に独り、茫然と悲嘆にくれるロングショットは、チョン・ドヨンという類を見ない俳優のイメージの中でもひときわ重要な位置を占める。その後もこのイメージは繰り返し彼女のスクリーンに浮上するからだ。

3 法則

『マルティニークからの祈り』

『ハウスメイド』

チョン・ドヨンはそのキャリアの中で、下層社会や裏社会に生きる宿命を背負った女性を多く演じてきた——たとえば暴力団のDV男とのどん底の暮らしで傷ついた『血も涙もなく』、失業して別れた男に借金の取り立てをする『素晴らしい一日』（08）、殺人犯の恋人で借金を抱えて底辺の人生へと転落する『無頼漢 渇いた罪』（15）。彼女は幾度となく社会から排除され、過酷な状況に追いやられる——たとえば不倫の果てに夫にナイフでめった刺しにされる『ハッピーエンド』、普通の生活さえ手に入れられず娼婦とエイズによって社会から切り捨てられる『ユア・マイ・サンシャイン』、困窮する家族を救おうとするも異国の地の刑務所に閉じ込められる『マルティニークからの祈り』（13）。

この女優にあって、より重要な主題は不条理な「収奪」と「喪失」である。彼女はしばしば愛する者と引き裂かれて救いようのない「孤立」を味わい、女同士で協働することはほとんど許されない（例外として、ネオ・ノワール『血も涙もなく』では女同士が連帯する）。過去に囚われて抜け出せずにいることも多い。彼女が属するコミュニティには何かが欠落し、時に突如として大切なものを奪われる。その時、物語は急激な転調を引き起こし、彼女は絶望の淵に突き落とされる。

　韓国映画で彼女ほど奪われた者の実存を生き、人間の受苦を代弁してきた俳優はいない——たとえば息子を誘拐されて殺される『シークレット・サンシャイン』、メイドとして住み込んだ金持ちの家の主人に唆《そそのか》されて妊娠し、中絶によって子供を奪われる『ハウスメイド』(10)、船の沈没事故で最愛の息子の命を奪われた『君の誕生日』(19)。以上のような要素がもっとも凝縮されたのが『シークレット・サンシャイン』であり、本作で彼女はカンヌ国際映画祭の主演女優賞に輝き、国際的な知名度を誇るようになった。

4　偽装

イ・チャンドンはローカルな場所の土着性とそれに取り込まれてゆく身体をしばしば描く。『シークレット・サンシャイン』も、交通事故で夫を亡くし、ソウルを出て夫の故郷・密陽《ミリャン》に一人息子のジュンと移り住んで新しい人生を始めようとするシングルマザーのシネ（チョン・ドヨン）と、地元で働くジョンチャン（ソン・ガンホ）の関係を捉えた作品である。

　本作では「装うこと」が主題として効果的に演出され、人間の多面的な側面を描き出す。ジュンは序盤で母の目を盗んでいなくなり、シネは泣いたふりをする。ジュンは死んだ父の真

『シークレット・サンシャイン』

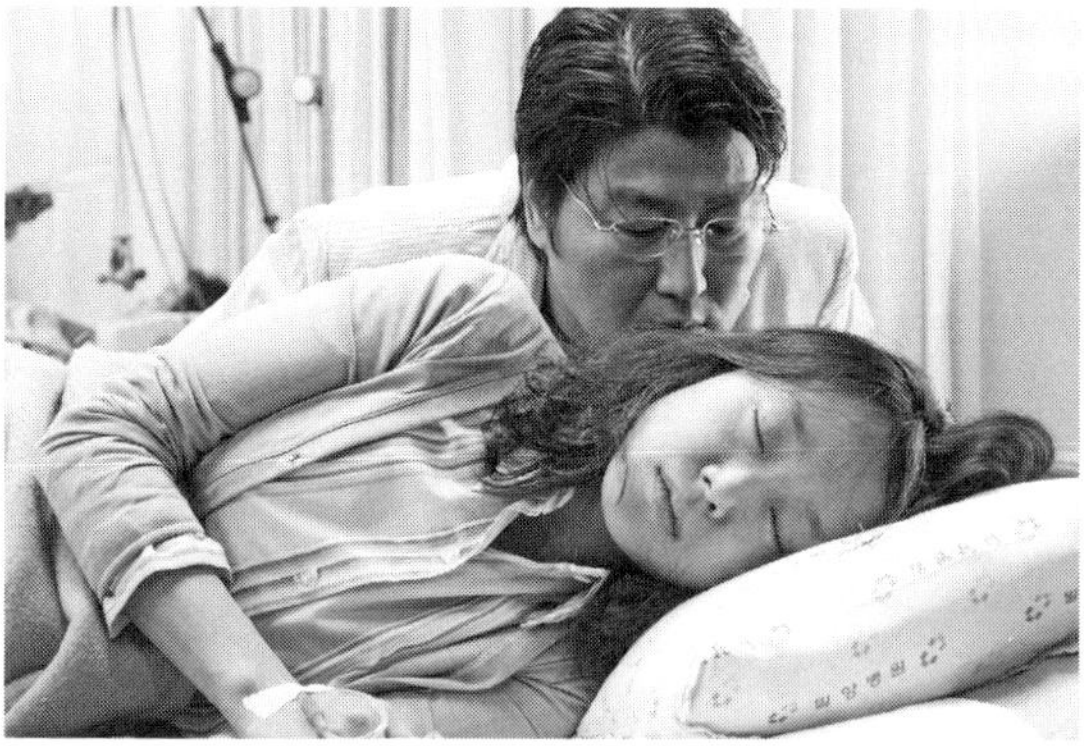

『シークレット・サンシャイン』

似をしていびきをかいて寝たふりをする。彼女は死別した夫の遺志を継いで田舎に移住し、自らの人生を捧げる慎ましい女性性を纏《まと》おうとする。だが密陽に着くと彼女はソウルからきた都会人で、土地を買おうと見て回り、大金を持っているかのように振る舞う。すなわち、金持ちであることを装いつつ実際はそうでなく、亡き夫は自分と息子を愛していたと主張しつつ、実のところ浮気をされ裏切られていたことが弟の言によってわかる。彼女の「装う」身振りが息子の誘拐事件を引き起こす。ジュンは遺体として発見され、シネは息子を喪って咽《しの》び泣く。こうして大事なものが奪われると、チョン・ドヨン映画は一気に物語が急降下してゆく。

息子を喪失した彼女はキリスト教の熱狂的な信者となって一度は救われるが、「神に許された」と語る犯人と面会して偽善であると悟り、神への復讐に奔走する。この神からの救済の幸福に満ちた表情と、憎悪に駆られた表情の豹変ぶりが凄まじい。このように本作ではきわめて多面的な表象が彼女に与えられている。不条理な現実に為す術もなく翻弄され、堕ちてゆく女性を演じ切った『シークレット・サンシャイン』が高い評価を獲得し、彼女の代表作となったのは、人間のヤヌス的な二面性を彼女が見事に体現したからだろう。

5 慟哭《どうこく》

『シークレット・サンシャイン』において、チョン・ドヨンが登場人物《キャラクター》の人生を血肉化し、実存する人間として造形する力、それは深い悲しみを具現する「慟哭」の演技にある。

嗚咽をもらしながら彼女は教会へと足を運ぶ。神聖な音楽をバックに神父の説教が響くなか、彼女は声を全身で振り絞るように慟哭する。視覚・聴覚を刺激し、観る者の情動へと訴える深く重い悲嘆。この慟哭は、同じく息子を船の沈没事故で喪失した母親を演じる『君の誕生日』に結実する。本作でも絶望の日常を生きるしかない母の深い喪失が画面を覆い尽くす。

その圧倒的な慟哭のシーン。興味深いことに息子との思い出がフラッシュバックする場面で、チョン・ドヨンは息子を窓の外に確認するとソファで寝たふりをして帰りを待つ。だが、息子はそれがふりであることを知っている。「装うこと」がここでも反復される。現在にシーンが戻るとソファで眠っている彼女がクロースアップされる。不意に明かりが灯り、起き上がった彼女は、残された息子の部屋に行って対話を始める。死者へと語りかける母。このドアの外からねらった遠景のワンシーン＝ワンショットが素晴らしい。幻想的な桜が独房に舞い散った『ユア・マイ・サンシャイン』を反復するように、虚構／現実、過去／現在が交錯し、彼女はそのあわいに屹立しながら泣き喚く。チョン・ドヨンほど封じ込めた感情を抉り出し、魂の叫びとともに慟哭を慟哭たらしめる役者はいない。

ロングショットとともに虚空が画面を覆い尽くし、生気を失った顔と身体があらゆる希望の可能性を飲み込んでしまう。声と身体を使って響き渡る慟哭――。だが、どん底へと突き落とされたチョン・ドヨンは、悲劇を演じ切るものの、観る者を絶望させたままでは終わらない。『シークレット・サンシャイン』がそうであったように、あるいは『君の誕生日』がそうしたように、物語の終盤、微かな希望の光がフィルムに灯されるだろう。

『君の誕生日』

II 韓国・女性・表象・歴史

コラム

韓国
女性映画
ベストテン❶

『サニー 永遠の仲間たち』

時代背景が訴える「her story」の必要性

崔盛旭《チェ・ソンウク》
Choi Sung wook

七人の女性を主人公に、〈サニー〉というグループを結成して熱い友情を結び、破天荒な高校生活を送っていた一九八六年と、大人になった彼女たちがそれぞれの事情を抱えながら生きる二〇一一年。その二つの時代を行き来しながら、あることをきっかけに彼女たちが再会を果たし、かつての絆を取り戻していく青春映画である。懐かしのヒットソングや当時のファッション、人気番組などを散りばめながら、世界が自分たちを中心に回っていた過去と、社会に揉まれ思い描いたようにはいかない現在を対比的に描く手法は、普遍的な魅力と個別の時代背景を併せ持ち、韓国で七四五万人の観客動員を記録し大ヒットとなったのみならず、日本をはじめ、香港や中国、ベトナム、そしてインドと五つの国や地域でリメイクされた。

韓国における「一九八六年」を思い起こしてみると、全斗煥《チョン・ドファン》軍事独裁政権がその強硬ぶりを取り繕うために八三年に打ち出した「中学高校における制服・髪型の自由化」の最中であった。カラフルな服装と個性豊かな髪型で登場する女子高生たちは、やや誇張されてはいるものの、実際に当時の学生たちが私服で通学していた姿そのままである。だがこの目くらまし政策は八六年をもって早くも終焉を迎え、翌年から（高三以外の）学生たちは再び制服に身を包まねばならなかった。余談だが、〈サニー〉たちと同い年である筆者にとって、私服登校はもちろん、劇中の音楽やラジオ番組など多くの点で懐かしさを禁じ得ないが、とりわけ一大ブームだった「ナイキ」ブランドとそれを持てないナミの恥ずかしさは、まさに私自身の経験でもあった。

だが、一見政治性とは無縁な本作にもかかわらず、やはり八六年の韓国で、画面の中から政治を排除することは不可能だ。そもそも、正気を失ったナミの口から（そしてナミの祖母からは恒常的に）発せられる気が遠くなるような罵詈雑言は、全羅道《チョルラド》地方の方言である。朴正熙《パク・チョンヒ》政権時代から続く「全羅道への地域差別」が、光州事件（一九八〇年）を経てさらに露骨になっていた時代に、ソウルへ引っ越してきたナミ一家の背景はいかようにも想像可能だ。そして、当時毎日のように繰り広げられていた「独裁政権打倒！」を掲げるデモ隊と彼らを待ち受ける警察機動隊との衝突は、映画では背景に後退し、前景では少女たちの派閥同士の衝突が展開する。両者がコミカルに対比されたこの場面は作品の中でも出色の描写だが、デモ隊も警察の人間も民主化闘争に関わる者たちすべてが男性であることを見逃してはならない。

フェミニズムの文脈では、一般的な歴史＝historyが男性中心に記録され語られてきた「his story」であるとして、女性が主体となって歴史を見つめ直し再構築しようとする「her story」の概念が存在感を増している。七人の女性たちの「個人史」を扱う本作は、「her story」を志向したものではないが、彼女たちが歴史と無縁であればあるほど、逆に「歴史における女性主体の不在」を喚起させてはいないだろうか。上記の乱闘シーンはその「不在性」をもっとも強烈に象徴すると同時に、「her story」の必要性をテクストが訴えているように思えてならないのだ。

サニー 永遠の仲間たち
2011年／124分／カラー／デジタル配信中
監督・脚本：カン・ヒョンチョル
出演：ユ・ホジョン、シム・ウンギョン、カン・ソラ

コラム

韓国女性映画ベストテン❷

『私の少女』

結び付く孤独な魂、グレーゾーンを彷徨《さまよ》う人々

夏目深雪
Miyuki Natsume

一九八〇年生まれの女性監督チョン・ジュリの初長編作品。映像院の大学院卒業後、初めて挑んだシナリオがイ・チャンドンの目に留まり、製作にこぎつける。主人公の警察官役を国民的人気女優ペ・ドゥナに、虐待されていた少女の役を子役として高い評価を得ていたキム・セロンにそれぞれオファーする。ペ・ドゥナは脚本を受け取った三時間後に出演を快諾するが、キム・セロンは複雑な役柄ゆえいったんオファーを辞退したそう。その後五〇〇人をオーディションしたものの決められなかった監督の再オファーに応える形で出演が決まった。カンヌ国際映画祭の「ある視点」部門に出品が決まり、内外の映画祭で、新人監督賞、主演女優賞（ペ・ドゥナ）、新人女優賞（キム・セロン）を獲った。だが、資金は決して十分ではなく、ペ・ドゥナとキム・セロンは無報酬だという。

舞台は海辺の村。レズビアンであることが原因の事件のせい（明示されない）で田舎の警察に左遷させられたヨンナムが赴任した日から物語は始まる。老人ばかりの町で唯一若い男だというヨンハと会うが、その義理の娘ドヒが彼や義理の祖母から日常的に暴力を受けていることを知る。助けてくれたヨンナムにドヒはなつき、二人はドヒの夏休みの間ヨンナムのアパートで一緒に過ごしたりと、親しくなっていく。だが、義理の祖母の事

故死、ヨンナムの昔の恋人の突然の訪問など、事件が積み重なり……。

同性愛に寛容ではないお国柄と、韓国で女性主人公の物語を映画にすることの難しさを知っていると、奇跡のような映画に思える。だが、同性愛に関してはヨンナムが性的マイノリティとしての生きづらさや世間から受ける偏見が描かれているだけで、ヨンナムとドヒの関係は恋愛と明示されない。一連の事件の真相を知ったヨンナムの孤独な魂がもう一つの——ドヒの孤独な魂と結び付いたと見るのが自然だろう。年が離れているのでシスターフッドと呼ぶのも違和感がある。

そんな複雑な関係を演じたペ・ドゥナとキム・セロンが素晴らしい。正義感が強いがアル中のヨンナム、虐待されている少女でありながら恐ろしい策略を巡らすドヒ、酒飲みで暴力的だが最後にはドヒの策略に嵌められるヨンハ。全ての人間に二重性があり、完全な善人でも悪人でもない、グレーゾーンを彷徨《さまよ》う立体的な人間として描かれている。

そのせいもあり、同性愛への偏見や村の閉鎖性、外国人労働者の問題も扱いながらステロタイプな問題提議からは逃れている。様々な問題をくぐり抜けながら自分たちを受け入れなかった村を二人が手を取り合って脱出するラストは、『お嬢さん』(16)のように恋愛関係が明示されるわけではないだけに遠く未来への希望が感じられ、二人とも潔白というわけではないだけに身を切るような切なさがある。

真の意味で物語を動かす主人公を張れる女優であるペ・ドゥナと、「少女」の負の側面も演じられるキム・セロンと、監督の明晰なビジョンの三つが揃って初めて叶った僥倖《ぎょうこう》であろう。

今年（二〇二二年）のカンヌ国際映画祭ではチョン・ジュリ監督の八年ぶりの新作でペ・ドゥナが主演する『次のソヒ』(22未)が上映された。公開を首を長くして待ちたい。

私の少女
2014年／119分／カラー
監督・脚本：チョン・ジュリ
出演：ペ・ドゥナ、キム・セロン、ソン・セビョク

コラム

韓国
女性映画
ベストテン③

『明日《あした》へ』

カートを手に立ち向かった女性たちの連帯

夏目深雪
Miyuki Natsume

二〇〇七年に韓国で実際に起きた、スーパーの非正規社員の女性たちが不当解雇に抗議するためにストライキを行い、スーパーを占拠した事件の映画化作品。七一年生まれの女性監督プ・ジヨンの長編二作目となる。『建築学概論』(12)でヒットを飛ばした制作会社ミョンフィルムが、この題材で撮れる監督を探していたところ、ソウル国際女性映画祭や東京国際女性映画祭に女性を題材にした作品を出品してきた監督に白羽の矢が立った。『建築学概論』でもアイドルのペ・スジを起用し商業的な成功を納めたことから、この作品でもEXOのメインボーカルD.O.(ディオ)をヒロインのソニの息子として起用。本国では公開後初の週末の興行ランキングで一位となるなど、興行的な成功を納めた。

それ以外の俳優も豪華だ。ソニにヨム・ジョンア、シングルマザーのヘミにムン・ジョンヒ、女性たちと連帯する男性社員カンにキム・ガンウ。一七年に逝去した名女優キム・ヨンエが掃除婦を演じ、チョン・ウヒやイ・ジョンウンも脇役で登場する。

プ・ジヨンの処女長編『今、このままがいい』(08)は、田舎で魚を売る奔放なシングルマザーの姉と、ソウルで働く優秀な妹が、母の葬儀で久々に顔を合わせ、妹の父親(二人は父親が違う)を探しに旅に出るロードムービー。ありがちな話に一見思うのだが、

LGBTに関する、〇八年の韓国映画にしては非常に先駆的なテーマが後半出てくる。その驚くべき展開が、前半のあまり垢抜けない姉妹の確執と和解のトーンと溶け合っていたのが稀有な才能を感じさせた。

この映画でも、非常に多層的で丁寧かつメリハリの利いた演出が冴えている。「会社＝男性たち」対「労働者＝女性たち」の対立に納まらずに、男性社員カンは組合を作り、結果的に女性たちとともに会社と闘うことになる。また、執行部としてみんなを引っ張ってきたヘミが、莫大な慰謝料の請求、息子の怪我などで心が折れたのか、みんなを裏切る場面も描かれる。あくまで一人一人の生活と尊厳を賭けた闘いであり、それぞれの立場が微妙に違うことをさりげなく描く。闘いが図式的にならずに、例えば息子がコンビニのバイト代が未払いであることを知り、毅然と抗議するソニなど、それぞれの成長を促すものであることを描いているのが、結末は苦いが救いを感じさせる。

ゴロツキどもを手下に、彼女たちを分断させようとあらゆる手を使う会社側は阿漕《あこぎ》の極みで、暴力に加担するように見える警察も日本の感覚から見ると信じ難いが、本当にそうだったのか、同じ題材のドキュメンタリー『外泊』（09）があるので、観比べてみたい。

近年の韓国映画は市井の人々が巨大な組織に向かって闘いを挑んでいく姿をずっと描いてきた。その中で自ら犠牲になって散っていく名もない人々が一番泣かせる。『タクシー運転手　約束は海を越えて』（17）の、タクシー運転手たちのように。命こそ奪われないものの、会社重役たちの「おかず代を稼ぎにきた主婦をそそのかして」などという発言からも女性差別が根底にあることは確かである。ラストシーン、警察の放水の中、思わず連帯し、カートを手に警官隊に立ち向かっていく女性たちは何度観ても落涙を禁じ得ない。

明日へ
2014年／104分／カラー
監督：プ・ジヨン
出演：ヨム・ジョンア、ムン・ジョンヒ、キム・ヨンエ

コラム

韓国
女性映画
ベストテン④

『お嬢さん』

官能の戯画化とともにフェミニズムを描いた作品

西森路代
Michiyo Nishimori

パク・チャヌクがイギリスの小説家サラ・ウォーターズによる『荊の城』を原作に二〇一六年に制作した本作。舞台は一九三九年の朝鮮半島。辺境の豪邸で叔父の上月(チョ・ジヌン)と暮らす令嬢の秀子(キム・ミニ)のもとに、メイドとしてスッキ/珠子(キム・テリ)がやってくる。しかし彼女は詐欺グループのひとり、藤原伯爵(ハ・ジョンウ)の差し金として、屋敷に潜入したのであり、秀子をある計画に巻き込む目的を持っていた。しかし、珠子は次第に秀子に惹かれるようになっていく。

本作は、見る人によって印象に残るものが違う多層的な作品になっている。あるものはエロティックな女性同士のラブシーンに注目するかもしれないし、あるものは日本統治時代の日韓の男女の描かれ方を見つめるかもしれない。また、語り手によって見えているものが違い、真実がどこにあるのかを探っていくような仕掛けは、芥川龍之介の小説『藪の中』のようなミステリアスさもある。ほかにも、シスターフッドや女の共闘、そしてレズビアンの関係性が描かれているというところを中心的に見る人もいるだろう。

私個人としては、フェミニズムが中心にあり、これまであげてきたような事柄が絡み合う作品であると捉えている。それを最も感じるのが、叔父の上月の命により、夜な夜な、紳士……と言えば聞こえがいいが、下卑た男たちが集まる中で、秀子が着物姿で官能小説の朗読をさせられているシーンである。

　上映当時、秀子が男たちの前で、人形と絡み合うシーンのインパクトは大きく、そのシーンを見て笑ってしまったと語る人は多かった。しかし、私にとっては、当時もあのシーンには痛みしか感じられなかったし、今となっては、当時笑っていた人たちも、その意味を徐々に理解し、笑えなくなっているのではないかとも思う。

　珠子が官能小説の挿絵としてタコに絡まれる女性の姿を描いた春画を見、それを秀子が男たちの目の前で読まされたことを知って、その官能小説を破り去り、それだけではなく、上月の集めてきた蔵書や春画を水の中に蹴り入れインクをかけ、踏みつぶすシーンを見ても、これが直球のフェミニズム映画だとわかる。なぜなら、珠子と秀子は、ふたりで手をとりあい、そして愛を確かめあいながら、男たちの社会を破壊し、闘争しようとしているからだ。

　『お嬢さん』が上映された二〇一六年というと、『82年生まれ、キム・ジヨン』の小説が発売される二年前のことである。フェミニズムを描いたこの小説を読んだというだけで、ある女性アイドルは非難された。

　しかし、『お嬢さん』に対しては、この映画に描かれるフェミニズムを批判する声がなかった。今見ると、家父長制や、男根主義を痛烈に批判しているのは、『お嬢さん』のほうである（映画の中でも、藤原伯爵が自分の死を目前にしてすら「チンポを守って死ねてよかった」と言っているのが証拠である）。なのに、それに気づかないばかりか、秀子と人形の交わるシーンに笑ってしまっていたのはなぜなのか。監督が、戯画的・消費的に女性のエロティックなシーンを描いたのは、むしろ、人の無意識の搾取に気づかせるためだったのかもしれない。

お嬢さん
2016年／145分／カラー
監督：パク・チャヌク
出演：キム・ミニ、キム・テリ、
ハ・ジョンウ、チョ・ジヌン、
キム・ヘスク、ムン・ソリ

コラム

韓国 女性映画 ベストテン⑤

フェミニズムと熱愛の両立

『金子文子と朴烈《パク・ヨル》』

夏目深雪
Miyuki Natsume

イ・ジュニクの長編一二作目。実在した大正時代の朝鮮人アナーキスト、朴烈とその恋人で同じくアナーキストの日本人、金子文子を描く。二人は関東大震災（23年）の二日後、天皇暗殺を計画した罪で逮捕された。イ・ジュニクは芸道ものの中で同性愛を描いた『王の男』（05）の興行的成功や、『王の運命―歴史を変えた八日間―』（15）での内外での受賞もあり、〝歴史映画の魔術師〟と呼ばれる。同じように日本を題材とした作品に『空と風と星の詩人～尹東柱の生涯～』（16）がある。尹東柱《ユン・ドンジュ》は日本留学中に独立運動を主導した嫌疑で逮捕され、二七歳で獄死した詩人である。

この映画も、関東大震災の朝鮮人虐殺の描写もあり、題材からして「反日映画」の一種であろう。遠い異国で獄死した詩人を、青春ものとして描いた『空と風と星の詩人』は、詩情に満ちたオーソドックスな作りであった。較べると『金子文子と朴烈』は随分とアナーキーな作りである。まず序盤以降、二人は逮捕されてしまうので、四分の三が獄中での話になる。にもかかわらず、朴烈と文子、それぞれの孤高の魂とその共鳴、二人の不変の愛を描いている。朴烈が一人で罪をかぶろうとするのに、必死に自分も一緒に罰せられようとする文子。その健気さと自身の政治信条を決して変えようとしない強さに打たれ、最初は批判的だった判事や看守も、だんだん文子に心を寄せるようになる。

反日的な題材を扱った映画では、『暗殺』(15)のように、日本人の描写にどうしても雑さが残るものが多い。日本語が不自然だし、日本兵は悪鬼のように描かれる。この映画は、『空と風と星の詩人』に次いで、日本の滞在経験もあり日本語が堪能なチェ・ヒソを文子に起用したことが大きい。また、他の日本人も、在日コリアン三世のキム・インウや韓国在住の日本人俳優の山野内扶《たすく》、金守珍《キム・スジン》率いる新宿梁山泊のメンバーなどネイティブレベルの日本語を話せる役者に演じさせた。

基本的に明るい話ではないが、二人は信条や愛という最も自分たちが大事にしているものを貫けたという意味では幸福だったのかもしれない。その可能性にイ・ジェフンの熱演とチェ・ヒソのくるくると変わる愛らしい表情、獄中の狭い空間を自在に使ったイ・ジュニクの演出力で賭けた映画でもある。一貫して不思議な明るさとユーモアがあり、制約の中で二人の一瞬の逢瀬となった写真撮影のシーンのかけがえのなさや、二人ともが韓服を着た裁判シーンの祝祭感も忘れ難い（死刑を宣告されるにもかかわらず……!）。

文子は複雑で恵まれない家庭に育ち、若い頃を朝鮮半島で過ごし、朴烈の詩を読んでファンになり、朴烈と会った途端同棲を提案する。いわゆるフェミニズムの先駆者である。男性への熱愛とフェミニズムが映画の中で両立することは珍しく、むしろ今まで挙げた映画よりも、幼女への性的暴行と幼女の家族の幸せという両立し難い二つを奇跡的に両立させた『ソウォン／願い』(13)のアクロバティックな魔術を想起させる。テーマのわりに日本でもヒットしたのは、丁寧かつ大胆不敵な作りもさることながら、日本人である金子文子をこのような形で発見した喜びが大きかったように思われる。

金子文子と朴烈
2017年／129分／カラー
監督：イ・ジュニク
出演：イ・ジェフン、チェ・ヒソ、キム・インウ

コラム

韓国女性映画ベストテン❻

『逃げた女』

真実はどこに？ 孤独と漠然とした不安が残る傑作

西森路代
Michiyo Nishimori

『逃げた女』は、第70回ベルリン国際映画祭で銀熊賞（監督賞）に輝いた作品で、ホン・サンス監督がキム・ミニを起用して七作目の作品にあたる。

キム・ミニ演じるガミが、三人の女性の元を訪れ、会話をするというシンプルな物語で、その会話も噛み合っているわけではない。それゆえに、ガミが単純に誰かと喋りたいだけでなく、その奥には何か抱えているものがあるようにも見えてくる。

ホン・サンスの作品と言えば、かつては、彼自身と重なるような中年の大学教授や芸術家などの男性が登場し、酒を飲みながら恋愛についてああでもないこうでもないと会話する話が圧倒的に多かった。しかし、近年は少しずつ変化していき、本作の男性たちは背後に隠れていて、その顔があまり見えてこない。

しかも、ガミが会いに行く三人の女性はそれぞれ、何かしら男性に辟易しているエピソードを持っている。最初に訪れたヨンスンは、近所に住む男性から彼女の飼い猫のことで文句を言われるし、二人目のスヨンは、飲み屋で知り合い、一夜を共にした男性につきまとわれて困っている。三人目のウジンは、作家の夫が仕事で注目されるようになったことに劣等感を感じている。

見る人によっては些細なこと、素通りしてしまうようなことかもしれないが、何かしらの抑圧を三人の女性から感じとることができる。対してガミは、三人の女性たちに、同じことを告げる。伴侶と五年間、ひとときも離れたことがないと。

しかし、人がことさらに語る話は、その人が一番気にかかっていることではないか、そんな風に思えてくる。ガミが何度も「ひとときも離れたことがない」と強調することで、その裏に、何か語れない真実があるように思えてしまう。ガミはこれまでひとりぼっちになったことがなく、耐性がないために、寂しがっているのだろうか。五年間も一人の人とだけ一緒にいたために、女性の友人と連絡を取ることもなかったのだろうか。

それにしては、ガミが三人もの女性の元を訪れるという行動力に、どこか切羽詰まったものを感じずにいられない。そもそも、大人の男女がひとときも離れない関係性だったとして、そこに搾取や依存、支配・被支配はないのだろうか。

ガミは、また家に帰り、伴侶と毎日のようにひとときも離れずに一緒に過ごし、女性たちの元をもう二度と訪れる必要もなくなるのだろうか。彼女が女性たちの元を訪れた理由はなんだったのだろう。そして「逃げた女」とは誰のことだったのだろうか。

そう考えると映画の最後に、ひとり孤独にスクリーンを見つめる彼女の顔に、希望は感じられないのだった。

ホン・サンスはキム・ミニと不倫関係にあることは誰もが知るところである。彼がキム・ミニから得たインスピレーションは何なのだろうか。ホン・サンスが知ったものが、女性が普段からほんのり感じている、不安や孤独や抑圧だったとしたら、彼の昨今の映画が以前より円熟しているように見えることにも納得がいく。誰の中にも漠然とした不安があり、それとともに生きていくのだと思えると、なぜか突き放された気分にはならないのだ。

逃げた女
2020年／77分／カラー
監督・脚本：ホン・サンス
出演：キム・ミニ、ソ・ヨンファ、ソン・ソンミ、
キム・セビョク、イ・ユンミ、クォン・ヘヒョ

コラム

韓国女性映画ベストテン⑦

少女の目から家父長制への疑問を描く

『はちどり』

西森路代
Michiyo Nishimori

映画『はちどり』は、キム・ボラ監督の初長編作品である。この原稿を書くために、改めて見返してみたが、良い意味で「何も起こらない」と言われるタイプの作品だが、中学二年生の主人公のウニには、とても複雑な変化が起こっている。そして、この映画には、はっきりと家父長制への疑問が描かれているし、それがウニにとっては、少女時代から身の回りに当たり前のように存在していることなのだと気づかされる。

ウニは父親には敬語を使っており、兄はソウル大学に入ることを期待され、ウニはその兄にときおり殴られることもある。母親は勉強ができたが兄のために進学を断念し、今では夫に浮気をされている。外でウニが声をかけても、心ここにあらずなときがあるし、ウニが塾をやめたときには酷い言葉でなじることもある。ウニには彼氏がいるが、ウニの家が餅屋をやっているということで、家柄が合わないと母親からあからさまに交際を禁じられる。一四歳の少女が受け止めるには、しんどい現実である。

ウニは映画の冒頭、家のインターフォンを押すも、母親が出てこないために、「お母さん開けて」と不安な声で叫ぶ。実際には、階を間違えたのだが、この冒頭のシーンだけで、ウニのそこはかとない不安や、居場所のなさが伝わってくる。実際の一〇階のドアは、母親によって、簡単に開けてもらえるものなのに。

ときにウニを苦しめる人たちは、本当の極悪人というわけではないし、彼らと共に生活は回り続ける。浮気をする父に母はガラスでできたライトを投げつけ、腕に怪我をさせるが、次の日には隣に座って何事もなかったようにふたりでテレビを見ている。友達と万引きをしたことが父親にバレても迎えにすら来てもらえないが、父はウニが首にしこりができて町の大きな病院で検査するときには、大声で泣きだしたりもする。兄も聖水《ソンス》大橋の崩落事故の後に、堰を切ったように泣き出す。男性がよく泣く映画でもあるが、それもこれも、家父長制がウニや母親だけでなく、父や兄をも苦しめていることがうかがえるのだ。

キム・ボラ監督が『はちどり』の前に作った大学の卒業制作の短編『リコーダーのテスト』(11)は、ウニの小学生時代を描いている。その中で、ウニが父親にほどけた靴紐を結んでもらうときに、小さなウニが父親の頭をなでようと思ってなでられないシーンがある。憎むべきことをしてくる相手にも、ふとしたときに愛情を感じることもあり、そしてそれを伝えきれない複雑さを表現したシーンである。

ウニは漢文塾でヨンジ先生と出会うことで救われた部分が大きかった。先生は、多くを語らないが、ウニに対していくつかの言葉を残す。映画を観た人がよく語るのは「つらいときは指を見て」「何もできないようでも、指は動かせる」というものだと思うが、私には「可哀想だと思わないで」「むやみに同情できない、知らないから」という言葉が響いて離れない。まだ本当にはその言葉の意味を摑み切れていないからだろう。

ウニにとってヨンジ先生はメンターであり、彼女の心のよりどころになっていたという見方も多いが、実はヨンジ先生にとっても、ウニの存在は小さくはなかったのではないかとも思えるのだ。

はちどり
2018年／138分／カラー
監督・脚本／キム・ボラ
出演：パク・ジフ、キム・セビョク、イ・スンヨン、チョン・インギ

実話をもとに
初の女性プロ野球選手を目指した少女を描く

『野球少女』

岡本敦史
Atsushi Okamoto

高校生のスイン（イ・ジュヨン）には、幼いころから追い続けてきた夢がある。プロの野球選手になることだ。しかし、高校の野球部に所属する女子は彼女ただ一人。周囲の男子部員たちはどこか遠巻きに彼女を見ていて、スイン自身にも無理して馴染む気はない。そこに新任コーチとして赴任してきたジンテ（イ・ジュニョク）は、最初はやはり彼女の挑戦を無謀なものと考えるのだが……。

二〇一六年に韓国映画芸術アカデミーを卒業した新鋭、チェ・ユンテの長編デビュー作。インディーズ映画界のミューズとして注目されてきたイ・ジュヨンを主演に抜擢し、その中性的な魅力を活かしたスポーツドラマの秀作である。

主人公には実在のモデルがいる。一九九七年、女性として初めて高校野球全国大会の先発投手を務めたアン・ヒャンミだ。韓国初の女性プロ野球選手になることも期待されたが、現実の壁は厚く、彼女も含め韓国プロ野球界にはいまだ女性選手が誕生していない。そんな悲運の先駆者の登場からおよそ四半世紀を経て、本作では不屈の闘志と負けん気を迸《ほとばし》らせる野球少女スインの戦いが、現在進行形の物語として描かれる。その不敵な表情と鋭い眼光だけで「この子は絶対、最後まで諦めないはずだ」と観る者を納得させてしまうイ・ジュヨンの佇まいに、ただひたすら見惚れてしまう。

男性中心社会の縮図でもあるかのような野球界に、たった一人で敢然と乗り込んでいくスインには、当然のごとく様々な偏見の目が浴びせられる。加えて、韓国でプロのアスリートとして大成するためには、何より親の支援と経済力が必要とされるという。が、スインにはそのどちらもない。無謀な夢に挑むスインに、周囲の大人たちはこぞって諦めろと諭す。その筆頭は、皮肉にも同じ女性である母親だ。同じ女性だからこそ、娘が味わうであろう絶望を誰よりもハッキリと見通してしまう……そんな母親の焦燥を、名バイプレイヤーのヨム・ヘランが生々しく演じ、忘れ難い名演を見せる。

男性でも女性の描写に秀でた映画監督は、洋の東西を問わず少なくないが、近年の韓国では特にそういう監督の存在が目立ってきている。『ユンヒへ』のイム・デヒョンしかり、『ガール・コップス』のチョン・ダウォンしかり、そして本作のチェ・ユンテしかり。チェ監督は脚本執筆時、当初は「女性の人権に焦点を当てた物語」をイメージしていたそうだが、途中からそのアプローチをやめたという。性別は関係なく「自分の限界と闘う人物」として主人公を描くことで、誰もが普遍的共感を抱ける物語にできるのではないかと考えた監督は、スインの女性性をことさら強調しない方向に舵を切った（イ・ジュヨンの起用もそういう理由だろう）。だからこそ本作は、スインが「女性だから」という理由だけで直面する理不尽が、より際立つ作品になったのではないか。

ラストシーンに映し出されるスインの表情に浮かぶのは「夢の実現の喜び」というより、「戦いへの静かな覚悟と期待」だ。彼女の人生の物語はここから本当に始まるのだという思いとともに、性別によって差別や制限をされることのない社会への成長を（韓国だけに限らず）願わずにいられない、秀逸なエンディングである。

野球少女
2019年／105分／カラー
監督・脚本：チェ・ユンテ
出演：イ・ジュヨン、イ・ジュニョク、ヨム・ヘラン

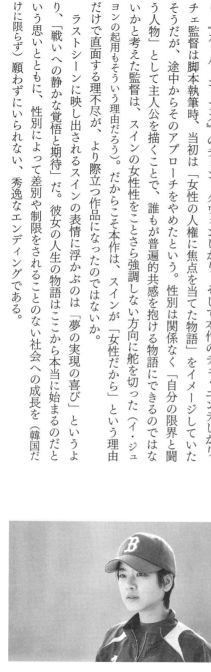

コラム

韓国女性映画ベストテン⑨

『ユンヒへ』

「静けさ」と「降り止まない雪」が意味するもの

崔盛旭《チェ・ソンウク》
Choi Sung wook

離婚し、高校生の娘と暮らすユンヒの元にある日一通の手紙が届く。密かにそれを読んだ娘のセボムは、手紙のことは隠したまま、母に日本の小樽への旅行を提案する。セボムとともに小樽を訪れたユンヒは、そこで手紙の差出人である初恋の恋人ジュンと二〇年ぶりの再会を果たす……。

本作は、このわずか四行のあらすじに集約できてしまうほど、シンプルに淡々と展開する。これといった事件も起きず、観客の感情を揺さぶるようなドラマチックな起伏もないまま、終始静かに流れて映画は終わる。クライマックスであるユンヒとジュンの再会すら、観客には挨拶を交わす二人と、並んで歩く後ろ姿しか示されない。いわゆる〈韓国映画〉のイメージからはかけ離れたこの作品の「静けさ」が何を意味するのか、ふと思いを馳せずにはいられなくなってしまう。

劇中でユンヒが「病気にされ、精神病院に入れられた」と告白したように、同性愛というユンヒのセクシュアリティは、韓国では長い間「病気」とされ続けてきた。いや、それは過去の話ですらなく、つい最近も新政権の中枢にいる人物が、平然とそう言い放った事実もある。社会全体からこのような差別と偏見を受け続けてきたユンヒが、声を奪われ沈黙を強いられてきたことは想像に難くない。本作の静けさとは、抑圧されてきた彼女の人生のメタファーであり、韓国における同性愛者たちの現実でもあるのだ。

二〇二〇年、韓国ではＬＧＢＴに対する抑圧の実態を浮かび上がらせる二つの事件が起きている。ひとつは、女性への性転換手術を受けたトランスジェンダーの職業軍人が強制的に除隊させられ、訴訟を起こしたものの初公判を控えて自殺を遂げた事件。もうひとつは、女性を自認するトランスジェンダーの学生が女子大に合格したにもかかわらず、在学生をはじめ他の女子大の学生たちも巻き込んだ猛反発を受けて入学を諦めた事件である。多様性社会、ジェンダー平等の実現が目指される現代社会において、軍人として、大学生としての生活を夢見た二人の未来がいとも簡単に踏みにじられたこれらの事件は、ＬＧＢＴをめぐる韓国社会の現在地を如実に示している。とりわけ、トランスジェンダーの女性に対する女子大学生たちの嫌悪やヘイトスピーチは、フェミニズムが盛んであるかのように言われる韓国でも、女性が女性差別に反発しながら自らはトランスジェンダーを差別するという矛盾を露呈し、韓国ＬＧＢＴにとって春はまだ遠いことを思い知らせる結果となった。

こう考えると、ジュンの叔母であるマサコが嘆くように繰り返す「雪はいつ止むのかしら」というセリフは、非常に象徴的であるように思う。ユンヒとジュンが置かれている状況はまさに「冬」であり、降り止まない雪は重くのしかかる抑圧にほかならない。だがこの映画は決して悲観的には終わらない。離れ離れになって二〇年、寂しい思いを抱えて生きてきた二人を再会させる娘の「セボム」という名前は「新しい春」を意味している。若く、世間の差別や偏見に囚われずに母に寄り添うセボムは、文字通り韓国社会にとっての「新しい春」を期待させる存在である。ＬＧＢＴに対する社会の成長と成熟への期待、それこそが作り手が本作に託した明白なメッセージではないだろうか。

ユンヒへ
2019年／105分／カラー／DVD・BD、2022年11月4日発売
（発売元：トランスフォーマー）
監督・脚本：イム・デヒョン
出演：キム・ヒエ、中村優子、キム・ソヘ

『バウンダリー：火花フェミ・アクション』

破天荒なフェミニズム運動の記録

岡本敦史
Atsushi Okamoto

二〇二二年の大阪アジアン映画祭・特別注視部門で上映された長編ドキュメンタリー。アルバイト労働者に対する不当な扱いを訴える運動を追った『ガヒョンたち』(16)を手がけた若き女性ドキュメンタリー作家のユン・ガヒョンが、友人たちと結成したフェミニスト団体の行動に密着した四年間の記録である。

発端は二〇一六年に起きた「江南駅通り魔殺人事件」。ソウル江南駅近くにあるカラオケバーのトイレで、二三歳の女性が面識のない三四歳の男性にナイフで刺殺された事件である。犯人が警察の取り調べで「相手は女性なら誰でもよかった」「女性が憎かった」と供述したことから、多くの女性たちが抗議の街頭デモを行い、事件現場には付箋紙に書かれた追悼メッセージが大量に寄せられた。その動きにユン監督とその友人たちも刺激され、活動家団体「火花フェミ・アクション」を結成。女性たちが安全に夜の街を歩けるように訴える「夜道歩行集会」を皮切りに、韓国女性を精神的・肉体的に抑圧する男性中心主義／家父長制文化を打破するべく、破天荒かつユーモラスな運動を展開していく。全員でスキンヘッドになったり、腋毛を披露する屋外イベントを開催したり、海辺でトップレスになって解放感を味わったり……。あるときは警察署の前で一斉に上半身裸になり、それを躍起になって隠そうとする警察官に「なぜ男は上半身裸でも何も言われないのに、女だと捕まえに来るのか」と抗議したりする。

いわゆる社会通念としての女性性による束縛から、己の肉体を解放するかのようなパフォーマンス＝文字どおりの「アクション」を連発するさまは痛快で、力強くもある。同時に女子会ノリの楽しさも横溢していて、韓国フェミニズム運動の熱気と勢い、若々しさを肌身で感じることができる。

映画は当時の記録映像とともに、ユン監督の前作『ガヒョンたち』にも主演したイ・ガヒョンほか、団体の中心メンバーたちのインタビュー映像で構成。テンポのいい編集と、四年間の活動を凝縮した多彩なシーン展開で観る者を飽きさせない。活動の成果を楽しく振り返る場面もあれば、リーダーなき集団という理念が現実にはうまくいかなかった顛末など、苦い記憶も語られる。その率直さも本作の魅力であり、失敗を踏まえながら前進し続ける彼女たちの姿勢に、観ているこちらが学ぶところも大きい。

コロナ禍以前だったことも幸運といえる数々の活動のあと、メンバーはそれぞれの道を歩んでいく。ある者は政治の道に進み、ある者はフェミニズムの観点から社会学を追究し、ある者は映画を完成させる。バウンダリーとは「境界」という意味だが、監督は本作の登場人物たちについてこう語る。「彼女たちはフェンスを設けながら安全な空間を作ろうとした友人たちであり、どのように社会的規範との関係に触れ、社会のどこに自分の位置を置くか、その境界線を決めようとしました」。女性を暴力や抑圧から守るための境界を設けつつ、自らを拡張するように境界を飛び越えていく。そんな彼女たちの精神と行動が、観る者に大きな勇気と活力を与えてくれる一作である。

バウンダリー：火花フェミ・アクション
2021年／107分／カラー
監督：ユン・ガヒョン
出演：イ・ガヒョン、キム・セジョン、キム・ミヒョン

座談会

崔盛旭《チェ・ソンウク》×西森路代×夏目深雪×構成 岡本敦史

韓国女性映画座談会

第一部：韓国女性映画ベストテン

『お嬢さん』で描かれているもの

夏目——今回は映画研究者の崔盛旭さんと、ライターの西森路代さんをお招きして、「韓国映画の女性表象の歴史」というテーマの座談会と併せて、韓国女性映画ベストテンの選出にもご参加いただ

●韓国女性映画ベストテン(総合)●

『サニー　永遠の仲間たち』
(11／カン・ヒョンチョル)
『私の少女』(14／チョン・ジュリ)
『明日へ』(14／プ・ジヨン)
『お嬢さん』(16／パク・チャヌク)
『金子文子と朴烈』
(17／イ・ジュニク)
『はちどり』(18／キム・ボラ)
『逃げた女』(20／ホン・サンス)
『野球少女』(19／チェ・ユンテ)
『ユンヒへ』(19／イム・デヒョン)
『バウンダリー:火花フェミ・アクション』
(21／ユン・ガヒョン)

きました。編者である私と岡本さんも加えた計四人で、それぞれ十作品ずつ挙げて、そこからさらに絞り込んだのがこのベストテンになります。まず、得票数の多かった作品について語っていきましょうか。私以外の御三方は、パク・チャヌクの『お嬢さん』(16)を挙げていますね。

岡本――個人的にはパク・チャヌクが一番好きな韓国の映画監督なので、女性映画として選ぶとなると『お嬢さん』かなと。『渇き』(09)の吸血鬼になるヒロインの自立と解放のドラマも好きなんですが。

夏目――韓国では『お嬢さん』はどんなふうに評価されたんですか?

崔――若者の間ではすごく人気を集めたようですね。特に二〇代、三〇代の世代。おそらく半分ぐらいはキム・ミニの大胆な演技がインターネットで噂になったので観に行ったのだと思いますが、それ以外には作品の有する幅広い性意識が若者たちの支持を集めたのだと思います。

夏目――パク・チャヌクはキャリア全般を眺めても女性のキャラクターに比重を置いて描くことが多いし、こだわりをもって撮ってきた監督ですよね。

岡本――『JSA』(00)以降、そこはずっと変わってないと思います。パク・チャヌクらしさで言うと、『お嬢さん』は犯罪映画でもあるので、二人の女性が恋人同士でもあり、共犯関係でもあるという点も魅力的でした。

夏目――私が『お嬢さん』を外したのは、韓国映画ベストテンなら入るかもしれないけど、女性映画としてはどうかなと思ったんです。というのは、物語自体はLGBTがメインテーマではなくて、むしろシスターフッドを描きたいのではないかという気がして。それなら別にレズビアンという設定じゃなくてもいいし、キム・ミニとキム・テリの露骨なベッドシーンも要らないんじゃないかと。ちょっとサービスシーンが多すぎるというか、すっきりしない部分があったので、女性映画としては選びたくないと。

岡本——キム・ミニとキム・テリが手を取り合って草原を逃走するシーンは、男でも泣いてしまいましたけどね。

夏目——もちろん、サスペンスだったり帝国主義批判だったり、いろんなレイヤーが積み重ねられていて、映画としては非常に面白いと思います。そのなかで、キム・ミニとキム・テリのシスターフッドを描いた部分は一番わかりやすい。でも『私の少女』(14)なんかに比べると、レズビアンとしての関係の切実さがあまり描かれていないように思えて。本当にこの二人は愛し合っているのか？　という部分でリアリティを感じられないのが、個人的に評価できない理由でもあります。

崔——最終的に、この二人の女性が連携して男たちに打ち勝つというレイヤーもあると思うのですが、これは植民地の女性と帝国の女性の連携という図式でもあるわけです。抑圧する側と抑圧される側の、平等な連携ができるかという議論は昔からありました。それを『お嬢さん』では、同性愛をもって、身も心も連帯して乗り越える。植民地主義と国家権力が作り上げたヒエラルキーを、女性であること、女性同士の連帯によって乗り越えるドラマというふうにも見えるわけです。

夏目——それは同時に、韓国の保守的な家父長制への抵抗でもあるということですか。

崔——そうですね。異性愛だけをよしとするような旧来の価値観を、最もタブー視される同性愛者たちが打ち破るという構図は、いちばん効果的なわけです。もうひとつは、流行りの言葉で言えばポスコロ的な、植民地における支配者側の女性と被支配者側の女性による連帯は可能か？　という問題提起に対して、いくらでもその可能性はありうるのではないかというパク・チャヌクの回答が込められているのかもしれない。そもそも帝国主義、植民地主義というのは男性中心社会から生まれたものですから。

夏目——なるほど、そこで二人が同性愛であることが効果的なんですね。ただそこがやはり男性監督の限界かと思うのは、やはり図式的かなと。ＬＧＢＴ映画としては『私の少女』、『恋物語』(16)、

『詩人の恋』（17）など、女性監督が撮ったものに軍配が上がりますね。

ベストテン全体を見渡しても、やっぱり二〇一〇年代の作品が多いですね。女性が共感できて、なおかつリアリティのある女性映画といえる作品が韓国でも増えてきたのが、この頃なんでしょうか。

『サニー　永遠の仲間たち』

連帯と抵抗のドラマ『明日へ』

夏目—ほかに得票数が多かったのは『私の少女』と『明日へ』。どちらも二〇一四年の作品です。
西森—二〇一一年には『サニー 永遠の仲間たち』もありましたね。『サニー』は八〇年代に青春を過ごした女性たちの友情と連帯のドラマでしたが、実話をもとにした『明日へ』も、大企業に対してストライキを行う女性たちの連帯を描いていました。
崔—『明日へ』のもとになったのは、大型スーパーの非正規従業員たちが不当解雇への抗議行動としてスーパーの店舗を占拠し、警官隊と衝突したという実際の事件です。それが二〇〇七年の出来事で、その後も彼女たちの闘いは延びに延び、最終的に全員を正社員にするという要求が受け入れられたのは二〇一八年。闘いの始まりから十年以上が経過していました。『明日へ』はその途中経過で製作された作品だから、最後に突進するシーンで終わるんです。
西森—同じスーパー籠城事件を扱った『外泊』（09／キム・ミレ）というドキュメンタリー作品もありました。『明日へ』の公開時には、日本でこのようなストライキが起こることも、激しい衝突が起こることもないだろうなと思って見ていました。
崔—韓国ではあれが現実で、日常茶飯事だったんです。現在も似たような事件は起きていて、デモやストライキの現場に機動隊が介入し、参加者が亡くなったり大怪我した

『はちどり』

りといった実例がたくさんあります。だから、警察が出てきた時点でいずれは暴力的に鎮圧されるという予測はつくわけですが、それでも韓国の人たちはやるわけです。
岡本――『GOGO 70s』(08／チェ・ホ)でも、ロックバンドと機動隊の衝突というクライマックスが描かれていましたね。七〇年代には存在自体が反体制的だったロックバンドが主人公で、最終的に機動隊の催涙弾攻撃のなかで演奏を強行するという、すさまじい場面でした。
崔――韓国人は催涙弾に慣れているんです(笑)。だから韓国ではお涙頂戴ものを「催涙弾映画」とか言ったりします。

『はちどり』が描く韓国社会の罪

夏目――では、ここからはそれぞれの選考理由などを一人ずつうかがっていきましょうか。まずは崔さんから。
崔――私は韓国女性映画と聞いて頭に浮かんだタイトルを順不同で挙げてみました。真っ先に思い浮かんだのは、もう皆さんに説明する必要もないと思いますが、キム・ボラ監督の『はちどり』(19)です。これを見たとき、主人公の少女の家族構成や家族間のやりとりが、私自身の個人的記憶とまったく同じで、驚きました。自分もやはり中学高校時代になんの意識もせずに妹を殴ったりしていた記憶が蘇ってきて、すごく恥ずかしくなりました。
　社会の最小単位である家族のなかで、そうした無意識の暴力を許してしまえば、それがだんだん社会全体にも拡大していき、たとえば『明日へ』などで描かれた公権力による一般市民に対する暴力的抑圧のような、社会的暴力が「当たり前のこと」になってしまう危険性があるわけです。『はちどり』でも、映画のラストに韓国で実際に起きたショッキングな事件が出てきます。
岡本――一九九四年の聖水《ソンス》大橋崩落事故ですね。

崔――はい。この事故で、主人公にとって大事な存在である塾の先生が命を落としてしまう。この崩落事故は、国民の安全を顧みずにずさんな手抜き工事を許した軍事政権による、いわば国家暴力であるわけです。そういう韓国の男性中心社会がもたらす犠牲がどういうものなのか、家族から国家までの物語として淡々と描いているのが衝撃的でした。自分も韓国にいたときは、そういう社会に加担してきたのだな……と反省を促されたところもあります。様々な意味で、近年の韓国映画では最も興味深い作品が『はちどり』でした。

夏目―旧作も何本か入っていますね。

崔――シン・サンオク監督の『地獄花』(58)は、朝鮮戦争直後の米軍慰安婦と呼ばれた女性を描いた最初の韓国映画です。戦後日本ではパンパンと呼ばれましたが、韓国では洋公主《ヤンゴンジュ》といいます。のちにシン・サンオク監督と結婚する女優チェ・ウニが演じたソーニャという女性は、ヤンゴンジュの最初の映画的表象であるとともに、戦後社会における逸脱した存在、いわゆるアプレゲールとして登場します。彼女は物語の中心人物である兄弟の間に入り、三角関係になるんです。

これは儒教思想を重んじる韓国の社会通念的には絶対にあり得ない、倫理に反するものです。これを正すために、最終的には兄弟が仲直りして、この女性を排除する……ラストシーンではお兄さんが彼女を殺し、この兄弟に象徴される韓国社会の伝統や倫理を立て直すわけです。これも韓国社会の伝統的精神と、それを害するものは排除するという図式の、ひとつのパターンではないかと思います。この作品はYouTubeの韓国映像資料院チャンネルで見ることができます。

岡本―イ・ミニョン監督の『灼熱の屋上』(95)も、日本ではなかなか見る機会の少ない作品です。

崔――ソフトは発売されていませんが、日本では一九九八年にNHKで放映され、

●崔盛旭・選●

『地獄花』(58／シン・サンオク)
『灼熱の屋上』(95／イ・ミニョン)
『キムチを売る女』(06／チャン・リュル)
『母なる証明』(09／ポン・ジュノ)
『明日へ』(14)
『私の少女』(14)
『バッカス・レディ』(16／イ・ジェヨン)
『お嬢さん』(16)
『はちどり』(19)
『逃げた女』(20)

『キムチを売る女』

映画祭でも上映されたらしいです。原題は「ついてない日の午後」ですが、主に女性たちが団地の屋上に籠城して戦うという物語なので、こんな邦題になったのだと思います。この映画が作られたのは、韓国が民主化運動によって一九八七年に軍事独裁政権から民主化宣言を引き出し、本格的な社会変革の実現に向かって動き出したころです。

岡本──前年が『はちどり』の舞台になった一九九四年ですね。

崔──そうです。当時、韓国国内で少しずつ表面化してきたテーマとして、女性の社会進出と、LGBTをめぐる問題がありました。このころ、ハリスという韓国初のトランスジェンダーのタレントが登場して、韓国ですごいバッシングが起きたりしたんです。そんなふうに変わりつつある韓国社会について、特に女性を通して描くというのが『灼熱の屋上』のコンセプトでした。

団地に住む、様々な職業に就いている女性、専業主婦、さらにトランスジェンダーも加わって、屋上に立てこもって男性のDVに対抗する。どんどん事態が大きくなっていった結果、最終的には機動隊がやってきて、これを排除する。時代の変化を女性たちの連帯のドラマとして見せたという点で、非常に面白い作品でした。

『母なる証明』の狂気に近い執着

夏目──『キムチを売る女』(06)は、日本で最初に公開されたチャン・リュル作品でした。

崔──これは中国朝鮮族のチャン・リュル監督による、初めての朝鮮族に関する韓国映画です。近年、韓国では朝鮮族イコール犯罪者というイメージが刷り込まれていて、特に映画では凶悪犯罪の多くは朝鮮族が起こしているという描き方になっているんです。

岡本──『哀しき獣』(10/ナ・ホンジン)をはじめ、『犯罪都市』(17/カン・ユンソン)や『ミッドナイト・ランナー』(17/キム・ジュファン)でも朝鮮族が悪役として登場しますね。

『82年生まれ、キム・ジヨン』

崔——そういう韓国社会が作った悪いイメージからは離れて、朝鮮族のアイデンティティを問うのが『キムチを売る女』という映画です。自家製キムチを売って生計を立てている主人公の女性は、韓国人の男性に捨てられ、中国人警官にレイプされ、さらに自分の子供まで死んでしまうという最悪の状況のなかで、自分が何者なのかということを考えます。そこで全てを捨てようとする……つまり朝鮮族であることを捨てるのですが、映画ではそれが段階的に描かれます。

まず、彼女は朝鮮族の証として自分の子供にハングルを教えているのですが、その教材に使うノートを破り捨てる。さらに、売り物のキムチに猫いらずを入れ、自分をレイプした中国人警官の結婚式にそれを届けて、出席者を殺す。この強烈なやり方で自らのアイデンティティを捨てたあと、彼女は当てもなくどこかに歩いていく……この結末はかなりショッキングでした。朝鮮族の映画作家がついに韓国にも現れたんだ、と。在日朝鮮人にも通じますが、いわゆるディアスポラとしての朝鮮族のアイデンティティを、女性を通して描いたところが非常に面白かったです。

夏目——『バッカス・レディ』(16)も強烈な作品でしたね。

崔——『バッカス・レディ』は『地獄花』とも繋がる作品です。ユン・ヨジョン演じるおばあさんが、米軍慰安婦だったというセリフが出てきます。『地獄花』は一九五八年の映画ですが、このおばあさんたちはまだ存命で、今現在も米軍慰安婦の問題は未解決のまま残されているということが『バッカス・レディ』では示唆されています。

岡本——『母なる証明』(09)は今回のベストテンで唯一入ったポン・ジュノ作品です。

崔——『母なる証明』は、韓国における母という存在、特に息子に対する母親の執着というものが、狂気に近いものだと語っています。ポン・ジュノはそれを殺人事件に絡めて、全部むき出しにする。つまり「息子のためなら何でもやる」。これは他の映画でも描かれていることで、例えば『82年生まれ、キム・ジヨン』(19/キム・ドヨン)では、主人公の女性に対して男性並みの抑圧をするのが姑です。姑はなぜそんな権力を持つのかというと、バックに息子という存在があるから。

『母なる証明』

韓国の研究者の間では「韓国の母親たちは息子を産んで男根を獲得する」などという言い方もしますが、つまり韓国の女性たちも、無意識のなかで男性中心の家父長制に加担してきた歴史があり、それがずっと残っている。それが、女性が女性を抑圧する構造のなかに見えてしまうということです。『母なる証明』はそういう母親の息子への執着を、狂気として見事に表現していたと思います。特に母親を演じたキム・ヘジャは、一九八〇年から二〇年以上続いた『田園日記』というテレビのホームドラマで母を演じ、〈国民の母〉と誰もが認める女優なので、その狂気性は一層強烈なものになっているんです。

『私のオオカミ少年』に見た転換期

夏目—西森さんはどんな基準でこの十本を選びましたか?

西森—私はフェミニズムの観点から選んだものが自ずと多くなりました。あと、私は最近仕事で一番よく観ているのは日本のドラマや映画なので、そことの対比から見ているという話になると思います。

夏目—西森さんは韓国ドラマもけっこう観ているんですか?

西森—二〇一〇年ぐらいまでは百パーセント韓流の仕事しかしていなかったので、たくさん観ていました。最近はNetflixで配信されている作品などを、観られる時に観るぐらいの感じです。

夏目—私は『美しき日々』(01)や『冬のソナタ』(02)以来韓国ドラマはとんとご無沙汰でしたが、だから二〇年ぶりですか、この本のために『ミスター・サンシャイン』(18)を観て感動して、その話もどこかでしたいと思います。本書は基本的に映画を扱うのですが、韓流ドラマの影響も外せないとは思っているので。ベストテンの話に移ると、『私のオオカミ少年』(12)は西森さんだけが挙げてますね。

西森――『私のオオカミ少年』は二〇一二年の作品なんですが、個人的には二〇一〇年ぐらいまでは、今のように、試写で面白い韓国映画に当たる確率はそこまで高くなかったように思います。皆さんはどうですか？

夏目――確かに、マッチョな作品ばかりな印象でしたね。

岡本――僕は東京国際映画祭で観た『復讐者に憐れみを』(02／パク・チャヌク)が最大最高の韓国映画ショックだったので、ああいう映画がまた観たいと思っても、確かになかなか叶わなかったですね。

西森――パク・チャヌクやポン・ジュノ、ナ・ホンジンのような、国際的にも認められている一部の監督の作品は常に面白かったけど、それ以外の人で印象に残る作品が少なかったですよね。そのころは、韓流ドラマと韓国映画のジャンル分けがあまりできていなかった印象でした。二〇一〇年くらいまでは、一千万人の大ヒット作も少なく、その中で大ヒットした『ブラザーフッド』(04／カン・ジェギュ)や『王の男』(05／イ・ジュニク)も、チャン・ドンゴンやウォンビン、イ・ジュンギといった韓流ドラマで活躍したスターが主演だったんですよね。

でも、チャン・フンとかファン・ドンヒョク、カン・ヒョンチョルといった監督たちがそれぞれ人気スターの主演作でデビューしていたのもその頃なので、今の韓国映画の下地が作られていたって感じですかね。その後、個人的には二〇一一年か一二年ぐらいから、どんどん面白い韓国映画に出会うことが増えていった印象です。韓国国内でも興行成績の上位を自国の作品が占め始めていきますよね。韓国映画の流れを変えたといわれる『シュリ』(99／カン・ジェギュ)も、公開当時の観客動員は六〇〇万人でしたが、このころから動員一千万人クラスの大ヒット作がたくさん出てき

●西森路代・選●

『私のオオカミ少年』(12／チョ・ソンヒ)
『明日へ』(14)
『私の少女』(14)
『お嬢さん』(16)
『夜の浜辺でひとり』
(17／ホン・サンス)
『はちどり』(18)
『逃げた女』(20)
『ガール・コップス』
(19／チョン・ダウォン)
『チャンシルさんには福が多いね』
(19／キム・チョヒ)
『ユンヒへ』(19)

『私のオオカミ少年』／デジタル配信中

た。

崔――韓国で最初に観客動員一千万人を記録した国内作品は『シルミド／SILMIDO』（03／カン・ウソク）だったかな？　それ以降は年に一本ぐらい、ずば抜けたヒット作が出たりしましたが、確かに最初から国内作品が興行の主流というわけではなかったと思います。

西森――当時はヒット作が出る間隔もけっこう開いていましたよね。そんな中で公開された『私のオオカミ少年』は内向的な少女と狼少年の恋を描いたファンタジー・ラブロマンスなんですが、この時代としては珍しく、本国で動員七〇〇万人近い大ヒットを記録したんです。その頃から、試写室に行っても面白い韓国映画にどんどん出会えるようになっていくんですが、その兆しを感じた作品でした。

映画はソン・ジュンギが主演で、韓流ドラマの流れを汲むような作りでもあり、なおかつ映画としても面白かった。ラストシーンでは、最後に主人公の少女がおばあさんになって、全然年をとっていない狼と再会する。そのくだりで、年齢による差別のニュアンスがまったくなかったんです。今考えると、フェミニズム的なアプローチというか、女性の観客のことを考えた作品で、単なるおとぎ話とも言えない面白い作品だったし、あまり語る人がいないので、ベストに入れておきたいと思いました。

夏目――確かにその頃から韓国映画にも多様性が出てきた感覚があるかもしれない。韓国映画といえば、市民階級にいる人たちが社会を撃つようなアクション映画が一番面白いというイメージがあって。二〇一〇年代に入っても、例えば『ベテラン』（15／リュ・スンワン）とか『タクシー運転手　約束は海を越えて』（17／チャン・フン）はそういう面白さで惹きつけられたけど、それだけじゃない幅広さもこの十年ほどで感じるようになったかな。それまでは女性映画らしい女性映画が本当にない印象でしたね。

西森――『私のオオカミ少年』は作品としても面白かったし、これが大ヒットしたという現象も含めて印象に残っています。

「女の敵は女」という描写はもう要らない

岡本――『ガール・コップス』(19)はどういったところで評価されていますか?

西森――『ガール・コップス』は、まずセリフで泣かされてしまいましたね。性犯罪者グループを追いかける女性警官コンビが主人公なんですが、先輩刑事のラ・ミランが、「なんでここまですると思う? 被害者が気の毒で? 同じ女として悔しいから?」「女たちが〝自分の過ちだ〟〝自業自得だ〟と自分を責めるしかない状況に腹が立つからよ。彼女たちは紛れもない被害者なのに、なぜ追い込まれなければならないの?」と語るシーンに胸がアツくなりました。

それと、『ベテラン』のように、刑事が町なかでラスボスと戦うというアクション映画の定番的な見せ場を、女性でやっているのが今までなかったと思います。韓国の場合、女性が主人公のアクション映画って、キム・ヘス主演の『修羅の華』(17/イ・アンギュ)にしても、キム・オクビン主演の『悪女/AKUJO』(17/チョン・ビョンギル)にしても、どうしても女性が裏社会の暗い生きざまみたいなものを背負ったまま戦わなきゃいけないものが多かったので。

岡本――確かに『悪女/AKUJO』は主人公がこれでもかと重いものを背負わされる「男の考えたアクションヒロイン像」ですよね。韓国ならではのタガの外れたアクション映画としては好きですけど、女性映画としてはちょっと選べない。

西森――『ガール・コップス』は、これまで男性バディアクション映画でやってきたことを、女性を主人公にしてすごく巧みにやっている。しかも、デジタル性犯罪という実際に起きた事件をモチーフにした悪役の設定も、現実とリンクしていて、見ている自分たちにとっても許せない敵で共通意識を持てるように描いている。社会問題を反映したエンタメ作品としても非常によくできていたと思います。

岡本――「女の敵は女」みたいな、ありがちな図式をひっくり返しているところも面白かったですね。ヨム・ヘラン演じる上司がすごく嫌味なお目付け役で、またそういう構図なのかと思うと途中で反転して、やたらスケールの大きな女性の連帯のドラマになるところも面白かったです。

西森――そういう意味で言うと、私は『サムジンカンパニー1995』（20／イ・ジョンピル）があまり好みではなくて。映画の前半はすごく楽しめたんですけどね。自分が実際にちょうど一九九五年からOLをしていたこともあって、厳しく見てしまうんです。劇中、会社のなかで「良い女性」と「悪い女性」が二分されてしまうじゃないですか。ああいう描き方は見ていてつらいんです。働く女性が二分されるのは会社や社会がそうさせるのであって、そこをきちんと描かないといけない。しかも主軸となる「女性たちが企業の不正を暴く」という部分も保守的な帰結で。悪い意味での日本のドラマのような感じがしてしまいました。

岡本――同時期に『国家が破産する日』（19／チェ・グッキ）もありましたが、そのころの韓国では、外国資本の参入を結果的に許してしまったIMF危機の再検証が流行っていたので、ああいう展開になったんですかね。崔さんもウェブサイト「サイゾーウーマン」の連載で書かれていましたが、外資系企業のM&A（買収・合併）が認可されるのは一九九七年なので、『サムジン～』の時代設定からすると若干ズレています。

西森――『サムジン～』は、女性たちが連帯するっていうふれこみなのに、そこからこぼれてしまう人もいて。もちろん、こぼれるからには嫌なやつなんですけど、そことも何か、お互いに感じあうものがある、みたいな作劇もできたんじゃないかなと思いました。

『都市に行った娘』

働く女性の群像劇『都市に行った娘』

岡本――ぼくは長いこと「映画秘宝」という雑誌で働いていたので、ややジャンルムービー寄りの選びになっていると思います。シン・スウォン監督の『マドンナ』は、二〇一四年の釜山国際映画祭で観たんですが、かなりの衝撃作でした。長らく日本未公開でしたが、最近ようやくDVD化されました。

主人公は大病院で働く看護師で、そこに妊娠した若い女性が脳死状態で運ばれてくるんです。病院側はその患者を臓器提供者にしたいがために、看護師に家族の同意書を取ってこいと命じる。そこから主人公が探偵よろしく若い女性の身元を探り始め、彼女がいかに悲惨な人生を歩んできたかが明らかになっていく……という、社会派ミステリー的な作品です。主演が『チェイサー』（08／ナ・ホンジン）や『ビー・デビル』（10／チャン・チョルス）のソ・ヨンヒで、シン・スウォンの作家性に初めてノックアウトされた個人的に思い出深い作品です。

『都市に行った娘』（81未）は、昔の日本にもいたバスの車掌さんを描いた作品です。日本でもかつては女性が務めていた仕事ですが、結構なハードワークだし、事故に遭う危険も高いけど、その代わり学歴を問わず就職できた。映画ではソウルのバス会社で懸命に働く中卒女性たちの物語を、当時の人気女優たちを起用して青春群像劇っぽく、当時の社会状況も反映しながら描いています。それぞれの恋模様を描いたりする中盤はわりとユルいんですが、ラストはかなり衝撃的です。運賃のネコババを疑われた主人公が、男性職員の見ている前で裸にされて身体検査をさせられて、会社の屋上から投身自殺を図る。実際にあった事件らしいんですが、公開後にバス会社の組合から猛烈な抗議を受け

●岡本敦史・選●

『都市に行った娘』
（81未／キム・スヨン）
『火女'82』（82／キム・ギヨン）
『サニー　永遠の仲間たち』（11）
『ハン・ゴンジュ　17歳の涙』
（13／イ・スジン）
『コインロッカーの女』
（15／ハン・ジュニ）
『マドンナ』（15／シン・スウォン）
『お嬢さん』（16）
『金子文子と朴烈』（17）
『野球少女』（19）
『バウンダリー：火花フェミ・アクション』
（21）

て、いくつかのシーンと台詞を削除・修正されたという曰くつきの映画でもあります。のちの『子猫をお願い』(01/チョン・ジェウン)や『サムジンカンパニー1995』に繋がるところのある「働く女性」のドラマとして、印象に残っています。

監督は一九二九年生まれの名匠キム・スヨンで、九〇年代にキム・ギヨン監督との特集上映が日本で行われたり、日韓合作の『愛の黙示録』(97)という映画を撮ったりしています。

イム・スルレの再評価を望む

夏目――ベストテンで私だけ挙げている『私たちの生涯最高の瞬間』(07)と『リトル・フォレスト 春夏秋冬』(18)。これはどちらもイム・スルレ監督の作品です。私はこの監督の大ファンで、本書に再録していますが『キネマ旬報』誌でインタビューさせていただきました。ヒョンビンとファン・ジョンミン主演の新作『交渉』も公開間近だし、再評価の機運が高まっているのではないかと思っています。

韓国映画はもともとアート作品とエンタメ作品の垣根がないというか、イム・スルレの作品もシャンタル・アケルマン映画にひけを取らないフェミニズム映画でありながら、エンタメとしても通用するところが魅力です。ただ、区分けしにくいので埋もれてしまっている感もあるんですよね。『金子文子と朴烈』(17)のイ・ジュニクもそういう傾向のある監督で、彼も好きな監督ですが、やっぱり人気や知名度はパク・チャヌクやポン・ジュノが勝ちますよね。彼は『金子文子と朴烈』や『空と風と星の詩人～尹東柱の生涯～』(16)では日本との関係を丁寧に拾っていて、『ソウォン/願い』(13)では韓国で実際に起きた幼女暴行事件の被害者とその家族を主人公にしている。女性映画の監督とは言えないけど、女性問題をもっと広く捉える契機になるような監督だと思います。女性この二人をきちんと再評価したい、というのも本書の企画意図としてありました。

『ひかり探して』

岡本──『ひかり探して』(20)のパク・チワン監督も、作家性と娯楽性を両立させる監督になっていきそうですね。

夏目──今年1月に日本公開された韓国映画のなかでは、私は『声もなく』(20／ホン・ウィジョン)、『ユンヒへ』(19)、『ひかり探して』の順番で好きだったんですが、女性映画として考えると『ひかり探して』が一番かな、と思って選びました。そもそも本書の企画の出発点は、この三本の映画が女性映画として非常に優れていて、私自身ほとんど驚愕するレベルだったという。

パク・チワン監督にインタビューしたときにも話題になったのですが、孤島を舞台にした韓国映画でよくあるんですよね。被害者の少女は性的暴行に遭っていて、それを調査する女刑事も男性社会である警察の中でやりづらかったり、またははっきり虐めにあっているというような。パク・ジョンボムの『波高』(19)が全く同じシチュエーションだと思います。『ビー・デビル』や『凍える牙』(12／ユ・ハ)、『私の少女』もこのパターンのバリエーションである気がします。ですので、この映画もそうなるのかとビクビクしながら観ているんですが、途中でそれが反転するんです。そのクリシェをひっくり返す手つきがすごく鮮やかだなと思って、ベストに選びました。

『バウンダリー：火花フェミ・アクション』(21)は、今年(二〇二二年)の大阪アジアン映画祭で上映されたフェミニズム運動団体のドキュメンタリーです。今の日本でもフェミニズムは盛り上がっていると思うんですが、韓国のそれとは次元が違うんだなと思い知らされた映画でしたね。女の子たちが腋毛を生やして見せびらかしたり、みんなで服を脱いで裸の胸を晒して、警察がやってくると「男は上半身裸になっても捕まえないのに、なんで女だと捕まえるんだ」と抗議したり。ああいう過激で挑発的なアクションって、今の日本のフェミニストはやらないですよね。

●夏目深雪・選●

『私たちの生涯最高の瞬間』(08／イム・スルレ)
『サニー　永遠の仲間たち』(11)
『怪しい彼女』(14／ファン・ドンヒョク)
『私の少女』(14)
『明日へ』(14)
『金子文子と朴烈』(17)
『リトル・フォレスト　春夏秋冬』(18／イム・スルレ)
『野球少女』(19)
『ひかり探して』(20／パク・チワン)
『バウンダリー：火花フェミ・アクション』(21)

西森――トップレスでの抗議というのはかなり以前からあったことなので、昔は日本でもあったと思うんですけど、最近の事例はみかけないですね。

夏目――韓国でフェミニズム運動が盛り上がったのは比較的最近のことだと思うのですが、その初期衝動や熱気みたいなものが映し出されていて、とにかく楽しそうで、パワーのある作品でした。

今年の大阪アジアン映画祭では、ほかにも面白い韓国映画が上映されていましたね。コンペ部門のグランプリをとった『おひとりさま族』(21)は、ホン・ソンウンという女性監督の初長編。同じくコンペ部門で上映された『ブルドーザー少女』(22)は、男性社会の不正に一人で戦いを挑んでいく少女の物語で、監督のパク・イウンは男性なんですが、これも面白かったです。

ホン・サンスのこれから

夏目――ホン・サンスはフェミニストの間でも賛否のわかれる作家ですが、崔さんと西森さんが『逃げた女』(20)をベストに入れています。西森さんは『夜の浜辺でひとり』(17)も選ばれていますね。

崔――ホン・サンスとキム・ミニの不倫関係が発覚したとき、これまた韓国ならではの、ものすごいバッシングが起きたんです。ホン・サンスが妻子持ちだということで、ほとんど魔女狩りのようにキム・ミニが糾弾されて、きっと二人ともこの状況から逃げ出したいだろうな……と思っていたころに『逃げた女』というタイトルの新作を発表した(笑)。きっと逃げた女というのはキム・ミニのことだと観客は思い込むわけですが、映画を観ていると、実際に逃げたのは彼女が訪ね歩く先輩や友人の女性たちのことだとわかる。キム・ミニはそれを確認していくだけで、逃げてはいないんですね。そしてラストシーンでも、キム・ミニは映画館に戻ってスクリーンをじっと見つめ続ける。「私たちは逃げない」という意思表示にも見えるわけです。

西森――私は逆で、キム・ミニはこれから逃げようとしている人なのだと思って見ていました。先輩

『逃げた女』

や友人たちはもう逃げたあとなので、けっこう穏やかな生活を送っているんだけど、キム・ミニが演じる役自身は非常に不安で切実な状態にいるんじゃないかと。何度も言うセリフがそれを伺わせていて。

崔——そういう解釈もできると思います。

西森—あと、これまでは飲んだくれのだらしない男たちを主体として自虐的に描いていたのに、『逃げた女』では顔すらまともに映らないぐらいの脇に追いやられていて、ひたすら女性に焦点を合わせていますよね。それもホン・サンス作品の中では革新的でした。

夏目—『逃げた女』は私もすごく驚きました。こんなに状況を描かないでも映画として面白く成立するんだと。去年ホン・サンスについて書く機会があった時に、日本未公開で最近やっと配信で観れるようになった『逃げた女』の前の作品になる『草の葉』(18)と『川沿いのホテル』(18)も観たんですけど、もう職人芸のレベル(笑)。キム・ミニとの間柄が周知であることを、私小説作家のようにあえて利用している気がしました。彼の初期の作品もいくつか瞠目すべきものがあったけど、また面白い段階に行ったような気がしました。

　特に新作の、キム・ミニが少ししか出ていない『イントロダクション』(20)と全く出ていなくて裏方に徹した『あなたの顔の前に』(21)を観て、その想いを強くしました。

西森—ヨーロッパではまた不倫とか恋愛の捉え方が違うと思うし、そこまでプライベートな関係にまで興味や関心を持たないで見る人もいるんじゃないかとは思うんですよね。私がぜんぜんそこに気を取られないで見ている方だからかもしれないですけど。

崔――ヨーロッパのシネフィルの間でも二人の関係については報道されていて、フランスの映画評論家か誰かが「やっと一人前の監督になったな」とコメントしたそうです（笑）。そんな鷹揚さに対して、韓国でのバッシングは本当に激しくて、そこがまさに偽善的なんです。不倫と売春は世界でもベスト3に入るぐらい多いのに、表では綺麗事を言う。ホン・サンスは洗練されたスタイルで、そういう社会の偽善をさらけ出す作家なのだと思います。

夏目―私は、崔さんがウェブサイト「サイゾーウーマン」でホン・サンスについて書かれた「ホン・サンス映画のだらしない男たちは、家父長制への抵抗だ」という文章を読んだ時、すごく納得したんです。それまではホン・サンスって、面白いけど根源の欲望がよく分からなくて（笑）。

イム・スルレ作品にもだらしない男ばかり出てくるんですけど、インタビューで「家父長制への抵抗でしょうか」と本人に訊いたときもそれは否定してなくて。「私は女性なので、男性のそういう側面に気づきやすいと思うし、いわゆる男らしさなどの型にはまらない男性のほうに感情移入しやすいのだと思います」と仰っていました。ホン・サンスも非常に韓国的なものを描いているのかなと思います。その一方で、強いドラマツルギーを感じさせない淡々とした映画の作りは、まったく韓国映画っぽくない。むしろフランス映画に近いような印象で、そこも異質だな、と。

崔――私は韓国を代表する映画作家の一人だと思います。ホン・サンスの映画を見ると、韓国のある特殊な部分が透けて見えてくる。彼の映画に登場する男たちは、洗練されてはいるけど、だらしがない。泣く、甘える、すねる。一般的な韓国男性の共通意識として、絶対やってはいけない、あるいは表に見せてはいけない姿なんです。「男らしい男」というのは一切出てこないけど、そこにリアリティがある。だから韓国で一般的に浸透している「男らしさ」というものがどれほど偽善であり欺瞞であるのか、それを暴いているようなところが面白いですね。

あと、もうひとつの特徴として、ホン・サンス作品はセリフがすごくリアルで自然なんです。自分の目の前にその人が実在して、喋っているのを間近で見ているような感覚というか。起承転結のある物語を進ませるためのセリフではなく、そのワンシーンのなかで完結するようなセリフなんですが、それでいて観ているほうが身につまされるような、共感を誘う要素がたくさん仕込まれているんです。

夏目―女性の描写に関して言うと、初期の『オー！スジョン』(00)などを見ると、ややミソジニー的な要素を感じるところがある。だから全部を「女性映画」として受け入れるのは抵抗があるんだけど、個人的にはキム・ミニを被写体として迎えて以降、フェミニスト的な視点が顕れるようになってきたと思っていて。ただ、このままその方向で突き進むのかというと、そうでもないのかなと新作二作を観て思ったり、その辺りは今後も注視していきたいですね。

西森―私は、キム・ミニが参加してからはフェミニズムも感じるんですけど、見終わったあとに、しみじみとした孤独を感じるんですよね。でも、別に悪くない感じの。その始まりを実は『自由が丘で』(14)ですでに感じてはいたんですが。

第二部：韓国映画の女性表象の歴史

Ⅰ　一九五〇年代から八〇年代まで～現実性とメロドラマ性～

岡本―近年の韓国映画界では『はちどり』や『ユンヒへ』など、これまでの韓国映画のイメージを自ら塗り替えるような新鮮さをもって、多彩で興味深い女性表象を描く作品が数多く生まれていま

『下女』
©KIM Dong-Won

す。いまや世界にその存在感を知らしめている韓国映画界ですが、長い歴史のなかで女性の表象はどんな変化を遂げ、どんなバリエーションを生み出したのか？ 今回の座談会ではその流れを振り返っていきたいと思います。まず崔さんにお聞きしたいのですが、初期の韓国映画はどんなところから出発したのでしょうか？

崔――韓国では、植民地時代の新派劇から現在に至るまで、最も人気のあるジャンルはメロドラマでした。基本的にすべての韓国映画はメロドラマであり、そこからアクション映画、戦争映画、お化け映画といったものが派生していった歴史があります。もうひとつの大きな特徴は、現実を反映した物語であることが是とされる。韓国の観客は、なんらかのかたちで現実の社会が投影された映画を最も好んだのです。

岡本――そこから「韓国映画ではホラーやファンタジーといった絵空事が成立しにくい」と言われたりもしますね。

崔――一九六〇年代から九〇年代前半まで、韓国社会全体がある意味サスペンスフルな社会だったんです。「軍事独裁政権そのものがホラーだったので、わざわざ映画で観る必要もなかった」という有名な映画評論家の分析もあります。当時は現実を反映した作品が最も大衆に好まれたけれども、そこで政治批判や社会批判をストレートに行うと厳しく検閲されるという制限もあったわけです。

そこで、検閲を巧みに避けながら現実をちらつかせ、観客にシークレットメッセージとして作品のテーマを受け取ってもらえるように映画を作った。しかも観客の好きなジャンルであるメロドラマに寄せて作るとなると、『下女』（60／キム・ギヨン）のようなサスペンスものになるわけです。だからサスペンスタッチのメロドラマというのも、韓国で長らく人気を保ち続けてきました。

岡本――イ・マニ監督の『魔の階段』（64未）は、不倫劇がやがて怪談じみたスリラーになっていく「女の怖さ」を描いていて、そのリメイクといえるイ・ドゥヨン監督の『鬼火山荘』（80未）ではさらに女性上位感が増して、ヒロインが剃刀を振り回す姿がカッコよかったです。あと、現実を直球で描けない場合に、時代劇として描くことも多かったと聞きました。シン・サンオク監督の『内侍』（68未）、ハ・ギルチョン監督の『守節』（73未）は、権力の理不尽に翻弄される男女の悲恋ものでもあります。『王の男』（05）のイ・ジュニク監督は、いまだにその方法論を引き継いでいますね。

「ホステスもの」と都会に来た娘たち

夏目――七〇年代の韓国で「ホステスもの」が流行したというのは、どんな文脈なんでしょうか？真面目で純情な若い女性が夜の街で働くようになって、アルコールや麻薬などで身も心もボロボロになるというようなストーリーの映画が、大量生産された時代があった。それは現実を反映しているのか、それとも女性にその表象を押し付けているのか、どちらなんでしょう？

崔――現実を反映した部分も確かにあったと思います。当時のゴシップ誌や新聞の記録を調べる機会があったのですが、怪しい若い女性が高級マンションに住んでいる、みたいな記事がたくさん載っているわけです。その年頃の一般人女性が到底できないであろう豪奢な生活をしていて、それはつまり人の道を歩いていない証拠である。で、大体それはホステスだろう……みたいな記事が、七〇年代には普通に新聞に掲載されたりしていたんです。それと、当時の軍事政権のトップだった朴正熙《パク・チョンヒ》大統領が女遊びで有名だったので、そういう点でも国民の関心が強かったのだと思います。

岡本――下世話な時代だったんですね。日本の週刊誌文化もそうですけど。

崔――その記事自体が憶測で書かれているので、実際はどうなのか分からないんです。そこで映画製作者たちは想像力を発揮して、物語を作り上げるわけです。最初はまともな人間だった女性が、ある事情で転落し、最終的にはホステスになって自分の人生を台無しにしてしまう……みたいな物語も定番ですが、もう一つ顕著なパターンが、女性が駄目な男たちを救うという物語です。母性愛的なものだけれども、そこにセックスが付き物として出てくる。たとえば最初は穢れを知らない普通の女子大生という設定で、それが学費を稼ぐために夜の仕事を始めて、そこでいろんな職業の男たちと出会っていく。『冬の女』(77/キム・ホソン)とかはそういうパターンですね。

岡本——一九八一年の『都市に行った娘』でも、バスの車掌として真面目に働く女性が、ダメ男に惚れて更生させようとする展開が盛り込まれていました。

崔——『都市に行った娘』で描かれているように、実際ソウルに上京してくる若い女性は、田舎出身の貧しい人が多いわけです。家族を養うために都会へ働きに出てきた女性が、いい仕事を見つけることができず、結局は世間に後ろ指をさされるような夜の仕事に就くというケースも、現実にたくさんあったと思います。だからホステスものがジャンルとして成立したのではないかと。

もう一つの要因は、当時は検閲が厳しかったので、ほかに作れる映画のバリエーションがあまりなかったという事情もあります。反共映画か、コメディか、大人向けのホステスもの。これらは検閲を避けることがわりあい容易なジャンルで、ゆえに量産されたという事情もあったはずです。そういう意味でも、韓国の当時の社会や現実を反映したジャンルだったと言えるかもしれません。

夏目——今の視点から考えれば、ホステスになったからと言って落ちぶれなくてもいいのでは? とも思うんですが。夜の世界で頂点に立つ女とかも描こうと思えば描けたわけで、そこで不幸な女性像が押しつけられたり、一方で男性に献身的な女性像になったりするのは、やはり男性中心主義のなせる業なんでしょうか。

崔——もちろんそうです。ホステスものにおける女性描写のパターンとして、それが当然という男性側の固定観念は確かにあったと思います。そういう意味で言えば、私にとって強烈に記憶に残っている『草雨』というメロドラマがあるんです。一九六六年の作品で、チョン・ジヌという有名な監督のヒット作です。

『草雨』

チョン・ジヌ『草雨』の衝撃

岡本──『草雨』は韓国映像資料院からブルーレイも出ていますね。

崔──これは男性と女性がお互いに身分を偽って付き合い始めるというメロドラマなんです。女性のほうは家政婦なのに大使館員の娘だと言い、男性のほうは洗車係なのに大金持ちの息子だと言って付き合うんです。で、だんだん結婚しようという話になるんですが、嘘をついたままでは結婚できないので、男性のほうから自分の正体を告白するわけです。で、女性のほうも「大丈夫、許します。実は私も家政婦なんです」と言った途端、男性が豹変して、めちゃくちゃ暴力をふるう。その場でヒロインを殴る蹴るして、自分のことは棚に上げて、すべてをこの女性のせいにするわけです。そして近くの小屋に彼女を連れ込んで暴行したあげく、姿を消してしまう。一番ショッキングだったのは、その女性の最後のセリフ。「私は彼を憎めない。なぜなら彼を通して女を知ったから」。こんなセリフが、こんな描写がまかり通った時代だったんです。

女優はムニで、相手役はシン・ソンイル。二人とも当時の大スターですよ。いまの目線で見ると信じられないけど、六〇年代の韓国社会はそういう価値観で、それが映画のなかにリアルに反映されているわけです。メロドラマだから、当時の観客の大半はきっと女性だったわけで、あのラストシーンを一体どんな気持ちで見たのかと。私は初めてこのラストシーンを見たとき、『下女』並みのショックを受けたんです。

岡本──チョン・ジヌはそういう「身を削る女の悲劇」みたいなメロドラマを作り続けてますよね。ナ・ヨンヒ主演の『娼婦物語　激愛（原題訳：鴎《カモメ》よ、ふわりふわり飛ぶな）』（82）とか。悲劇は客にウケるからと確信犯的に描いているのだと思いますけど、かなり極端な話も多いです。

崔──『愛の望郷　激流を越えて（原題訳：鸚鵡《オウム》からだで鳴いた）』（81）とか『カッコーの啼《な》く夜　別離（原題訳：郭公は夜鳴くのか）』とかもそうですね。チョン・ジヌ監督は何年か前の釜山映画祭でレトロ

『バッカス・レディ』

スペクティブが行われて、その時に何本か観ました。確かに面白いんだけど、これぐらいの巨匠と言われている人でもこんな前時代的な女性描写を平然とやっていて、これまでなんの疑いもなく観客もマスコミも受け入れていたんだということに衝撃を受けてしまう。

岡本——女性の悲劇を通して、逆説的に観客に問題意識を芽生えさせるような映画もありますよね。昔なら『糸をつむぐ女（原題訳：女人残酷史　糸車よ糸車よ）』（83／イ・ドゥヨン）とか、最近だと『バッカス・レディ』とか。チョン・ジヌ監督は堕ちていく女性に、ちょっと崇高なものを感じている節がありますが。

崔——もちろんそれに対する批判として、わざと意識的に描いている作品もあるし、あえて強調しているところが面白い作品もあります。それでも、男性に何をされても受け入れる女性というのは、基本構図として韓国社会に受け入れられていたんです。九〇年代あたりまで、そういう傾向は続いていたんじゃないでしょうか。描写に程度の差こそあれ、その根底にある意識……男性が主体で女性は客体という根本的な図式は、いまの韓国映画にもあちらこちらに顔をのぞかせていると思います。

私もよく耳にした言葉ですが、韓国では女性に対してこんなことが言われます。「結婚前は父に従え、結婚したら旦那に従え、年を取ったら息子に従え」と。女性は一生男に服従しろ、と若いときから教育される。私は男だから関係なかったけど、私の姉や妹は、そういう教えに対してどう思ったのか。そういった儒教的、男性中心主義的な考え方というのは、いまだに集団的無意識として韓国人の頭の中に植え付けられているんです。

夏目——いまだに、ですか？

崔——たとえば『私の少女』に登場するおばあさんの息子に対する姿勢がまさにそうです。ペ・ドゥナが彼を逮捕しようとするときに、彼女を罵倒する言葉を吐き散らしながら「私の大事な息子を！」と非難する。息子が犯罪者だろうと何だろうと、危害を加えるものは排除しなければならない。そういった前近代的な思想が残っていて、この図式は『ユンヒへ』にも出てきます。ユンヒが若いころ、兄のために進学を諦めたという話がさらっと出てくる。男きょうだいのいる家に生まれ育った女性は、中卒か高卒であることが多かったんです。このようなケースは『はちどり』でも描かれていて、それに立ち向かおうとする女性たちのドラマは、韓国ではいまでも現在進行形の現実なんです。

徴兵制度がもたらすもの

夏目――韓国の「男性が主体で女性が客体」という、言ってしまえば男尊女卑な考え方は、崔さんのおっしゃる儒教の教えに基づく家父長制というものが根本にあると思います。もうひとつ、徴兵制度が韓国男性のミソジニーに繋がっているのでは、という話も聞いたことがあるのですが。

崔――徴兵制も絶対に無視できないと思います。近年、韓国でフェミニズム運動が活発になったとき、主にインターネットのＳＮＳ上で韓国男性から真っ先に出た反応が「じゃあ、女も軍隊に行ってみろ」という物言いでした。つまり、フェミニズムを勘違いしてるんです。だから、男性がやっていることを女性もやれば同じ権利を主張してもいい、そうでなければ黙っていろ、みたいな論理ですよね。そういう極端な二項対立の図式を持ち出してくる時点で、フェミニズムに対する理解が圧倒的に足りないわけです。

同時に、韓国の男たちは兵役経験を持っていることに優越感を抱いている節もあるんだな、と思いました。実際に軍隊という組織で何が行われているかというと、ほぼ男性しかいない場所なのに不思議なんですが、先ほど言った儒教的な倫理意識がそのまま絶対的法律みたいになってる場所なんですね。服従と命令だけが存在する世界なので。

夏目――崔さんも兵役経験があるんですよね？

崔――はい。私は二〇歳のときに志願して、大学一年の冬休みに入隊休学をして兵役に就きました。三〇年ほど前の話ですが、今は陸軍ですと通常一年半ぐらいですが、私の時代は三〇ヶ月、つまり二年半でした。大学在学中に軍事訓練を受ける場合、期間を少し減らしてくれるというメリットがあるんです。とはいえ、若い時期の二年半から三年間を「空白の時」として費やすのは、普通に考えて損ですよね。

夏目――兵役中の生活はやはり苛酷なんでしょうか。

崔――最近はだいぶ変わったと聞いていますが、私が入隊した一九八九年当時は、とにかくきつい生活を強いられました。軍隊では「五分先のことは考えるな」という格言があります。将来について考えると辛くなるから、目の前のことだけ考えろ、と。簡単に言うと「馬鹿になれ」ということですね。

夏目――訓練も、本当に実戦に対応する軍隊として行うわけですよね。

崔――もちろんです。韓国軍では赤組白組みたいな分け方をして、今日は赤組が北朝鮮軍で白組が韓国軍、明日はその逆、みたいな決め方をして軍事演習をやるんです。それがものすごく面倒で、下っ端の若い子たちほど苦労する。そして男はほぼ全員集められているので、なかにはゲイの人もいるわけです。その場合、除隊するまで徹底的に隠し通すか、入隊時に最初からカミングアウトして刑務所に入るか、その二択なんです。

夏目――韓国は同性愛に関して寛容ではないと言われていますが、それも兵役の問題と、キリスト教信者が多いことも関係しているんでしょうか。

崔――これもやはり儒教思想の影響で、異性愛以外は絶対に認めない。加えて、夏目さんがおっしゃるように、韓国にはクリスチャンがすごく多いんです。コンビニよりも教会のほうが多いと言われるほどです。実際、ＬＧＢＴのキャンペーンでイベントや集会を開こうとすると、キリスト教系をはじめとする保守系団体が押し寄せて、容赦なく妨害するんです。だから韓国は社会全体の多様性に関して言うと、いまだ未熟なところの多い国なんです。

西森――崔さんが韓国人として自国を批判することとは別に、私たち日本で暮らしてきた人がそれを聞いて、ただ他人事のように頷いたり、便乗して安易に批判したりするのもどうかなと自問自答するところはあって。儒教精神が色濃く残っているという独特の風土に加えて、国全体が戦渦に巻き込まれた歴史や、南北に分断された国同士がいまも睨み合っている状況なども理解したうえで考えなくてはいけないとも思います。

夏目――それは確かにそうですね。そういう違いを明らかにして、そのなかで韓国映画の特色、女性表象について考えていこうという試みなので。

崔――私はどうしても自国を語る際には辛口になってしまう傾向があるので……。

西森――はい、それは私も日本の作品に対しては同様なので。それに韓国とは状況が違っても、日本でもアメリカでも、ある年代まではミソジニー要素を当たり前のように含む作品があった（今もある）ことを思えば、まったく別の世界の問題として聞いていられる話ではない気もします。

キム・ギヨンの先駆性

夏目――先ほど、チョン・ジヌについてのお話で『下女』のタイトルが出てきましたが、崔さんにとって『下女』もやはりミソジニー的な作品として批判的な立場なんですか？

崔――いえ、『下女』はそれとはまた別の衝撃を覚えた作品でした。初めて『下女』を観たとき特に衝撃的だったのは、一般的な商業映画の作り方とはまったく違うキム・ギヨン監督の特徴的な作り方でした。いわば、ヒットするかどうかも考えず、作家個人が撮りたいものを撮ったというような作り方ですね。

もうひとつは、映画のプロローグとエピローグとして「こんな新聞記事がある」という場面があるんですが、これは実際にあった事件の引用なんです。当時、お金持ちの家に家政婦として入った若い女性と、その家の主人が浮気をして、大変なスキャンダルになった。その現実の事件と、映画のストーリーが繋がっているわけです。田舎から仕事を求めてソウルにやってきた女の子たちが、思い通りにいかず、下心のある男たちにつかまって身を持ち崩す……みたいな話を、ほとんどホラー映画のように撮ってしまう。

岡本——先述のホステス映画のようなパターンで、男性目線の教訓話としても展開しそうですが、『下女』は全然違いますよね。

崔——私がすごいと思ったのは、下女を名前で呼ぶシーンがないんです。彼女の働き先である家の家族全員が「おい」とか「やい」とか「下女」とか呼ぶだけで、彼女自身の名前はなかなか出てこない。つまり、彼女は誰でもなくて誰でもある、彼女のような存在は当時のソウルにごまんといた、ということを示唆する演出なんです。一九六〇年の映画でありながら、いろんな意味で進んでいるなと思いました。

西森——それは監督の意図的な演出なんですね。

崔——そうです。それと印象的なのは、あの不安定な家族構成ですね。家長である夫は工場のピアノ講師で、奥さんはミシンを踏んで内職をしている。あの時代に、そんな生業だけで二階建ての一軒家が建てられるとは到底思えない。アメリカの援助なしには成立できなかった韓国経済の象徴にも見えて、これも異常なんです。

『下女』が公開されたのは、四・一九学生革命のあと、李承晩《イ・スンマン》の独裁政権時代が終わり、新しい時代が始まろうとしていた移行期でした。ところが翌年には朴正熙《パク・チョンヒ》が軍事クーデターを起こして、再び長期軍事政権が始まってしまう。非常に政治的に不安定な時期に登場した作品なんです。

岡本——同じく韓国映画史に残る名作と謳われる、ユ・ヒョンモク監督の『誤発弾』(60)も同時期の作品ですね。

『火女'82』
©KIM Dong-Won

崔――はい。『下女』はまた都市部に大量に生まれた若い勤労女性たちの生活を、いかに国が守り保証するのかという問題提起でもあるわけです。結局、この映画の家政婦は死んでしまうわけですが。だからこの映画は今でも様々な観点から見ることができる多層的な作りになっている。観るたびに感心してしまいます。

西森――そういう映画の構造も、キム・ギヨンは意図しているわけですか。

崔――そうです。私も、当時のいろんな新聞や雑誌などのメディアをリサーチしましたが、監督自身が意識して設計していることを公言しています。

岡本――キム・ギヨンはその後、十年ごとにセルフリメイクを重ねていくわけですが、そのたびに時代に合わせて女性像が変化していきます。『火女』(71未)では、家政婦役を若き日のユン・ヨジョンが演じていて、『下女』でイ・ウンシムが演じた攻撃的キャラクターとは違い、男性に対してトラウマ的恐怖感を抱くデリケートで自己肯定感の低い女性として描かれる。さらに、今度は妻とちょっとした共闘関係を結ぶような展開にもなる。結局、ストーリーは同じなので、最終的には修羅場を迎えてしまうわけですが。

崔――映画史的に面白いのは、『火女』が公開される数年前、韓国で『憎くてももう一度』(68/チョン・ソヨン)というメロドラマが大ヒットして、シリーズ化もされたんです。この映画では、妻子持ちの男性が不倫して、その愛人と本妻が和解し、身を引いた愛人の子供を妻が引き取る。現実的にはありえない話なんですが、この図式を『火女』では皮肉って、妻と愛人が旦那を共有するという設定にした(笑)。

岡本――しかも『憎くてももう一度』で本妻役を演じたチョン・ゲヒョンが『火女'82』でも妻を演じています。さらに十年後のリメイク『火女'82』では、女性同士のドラマという要素がより色濃くなり、旦那はいっそう影が薄くなります。大女優キム・ジミが演じる奥さんは養鶏業を営んでいて、すっかり自立した生活者なのだけど、それでも情けない浮気夫を見限ることができない。それも韓国の儒教社会の呪縛なのかもしれません。

夏目――日本で最初にキム・ギヨンが紹介されたのは、一九九六年の国際交流基金アジアセンターの特集上映「韓国の二大巨匠　金綺泳《キム・ギヨン》&金洙容《キム・スヨン》」で、プログラミングを手がけたのは現在の東京国際映画祭（ＴＩＦＦ）シニア・プログラマーの石坂健治さんでした。石坂さんはその後ＴＩＦＦのプログラムディレクターになり、二〇〇八年にキム・ギヨンの作品を七本上映する大規模な特集上映を実施し、日本のシネフィルが夢中になって追いかけ始めたという経緯があります。韓国ではその前から再評価されていたんですか？

崔――これは恥ずかしい話でもあり、日本に感謝すべきことでもあるのですが、韓国では一部のシネフィルを除いて、キム・ギヨンの研究者はほとんど存在しませんでした。名前は聞いたことがあるけど見たことがない、という人も多かった。それを石坂さんが発掘して、逆輸入されたようなものです。

夏目――そうなんですか。韓国ではどのように再評価されていったんでしょうか？

崔――どこから火が付いたのかというのは諸説あるんですが、私の目から見ると、やはり石坂さんの再発見がきっかけだったと思います。そこから海外の研究者たちもキム・ギヨンに興味を持ち、そのあとで韓国国内でも特集上映が頻繁に組まれたり、若い研究者たちが現れ始めたりするという流れでした。

西森――先ほどの『草雨』のチョン・ジヌ監督と、『下女』のキム・ギヨン監督では、同じように女性がひどい運命を迎える映画ではあるけれど、作り手の意図が全然違うということですか？

崔――私はそう思います。キム・ギヨンという監督はすべての演出を計算づくでやる人で、しかも一般的な商業映画の流れに乗らない独自のポジションで、妥協なしに自分の撮りたいものを撮り続けた。言い方はおかしいですが、当時から「ヘンな監督」として見られていて、遺作になった『死んでもいい経験』(90)まで強烈な作家性を貫いた人でした。

夏目——私も大学の授業で『下女』の批評を学生に書かせたりするんですが、前振りなしでもフェミニズムの視点から作品分析をする生徒もいます。いま見ても全然古びないし、フェミニズム的視点でも解釈できる部分があると思います。

西森——私自身は最初に『下女』を最初に見たとき、フェミニズムとは結び付けられなかったんです。むしろ逆のものに見えてしまって。今の話を聞いてまた見方が変わると思うし、変わらない部分もあるかもしれないとも思いました。

夏目——私も、日本におけるキム・ギヨンの受け入れられ方はほとんどフェミニズムとは関係ないと思います。あくまで作品の開き方によっては、ということですね。

岡本——最初の受け取られ方は、もっとカルトムービー的な感じでしたよね。自分もそうでしたけど。ただ、『下女』、『火女』、『火女'82』という変遷を見ると、監督自身の女性観の変化、時代の流れに即した意識の変化なども見て取れるので、わかりやすいと思います。それと、キム・ギヨンは奥さんが歯医者さんで、かなりの収入があったらしく、それを制作資金に充てていたそうです。だから女性へのリスペクトは常日頃から持っていたのではないか、と。

とはいえ、どこか生物学的な、観察者のような視点で女性を描く人でもある。女性は生命を宿し、どんなに酷い目にあっても生き延びることが生物としての優先事項で、男性はその犠牲となって精力や命を犠牲にすることも致し方なし、というような。純粋にフェミニストとは言いきれない視点の持ち主でもあります。

崔——そういう意味で強烈なのは『異魚島』(77)ですね。死んだ男の男根に女性がまたがって、その種だけをいただくという、思わず目を疑うような場面がある。劇場公開時にはカットされて、現在は復元された完全版で見られる場面ですが、「女性を何だと思ってるんだ、この監督は?」と呆気にとられずにはいられない。それこそ、キム・ギヨン作品で描かれる生物としての男女関係は、当時の軍事政権によって去勢された男たちのメタファーにも見えるわけです。「男たちにできることは種を提供することぐらいしかない。あとは役に立たん」みたいな(笑)。

岡本――『殺人蝶を追う女』(78)はまさに、生命力を失った男が様々な女性と出会って生死の境界をさまようという話でしたね。奇しくもこれと『火女』は、チョン・ジヌのプロデュース作でした。

夏目――韓国と日本で、キム・ギヨンを改めて読み直すというムーブメントが起きてもいいかもしれないですね。多様な見方ができる作家だし、今までの紹介のされ方は偏りがあった気がするし。

Ⅱ 二〇〇〇年代~韓国映画史の転換と模索~

岡本――韓国映画の転換期は、やはり九〇年代後半から二〇〇〇年代にかけての時期だと思います。そこから全世界に存在感を示したのは、やはりバイオレンス、アクション、スリラーといった作品が多かったと思いますが、女性の表象という点に関して、皆さんはどんな印象があるでしょうか?

西森――『シュリ』(99)も実はメロドラマでしたよね。北朝鮮から来た女性スパイと、韓国国家安全企画部の男性諜報員が恋愛関係になる。『愛の不時着』(19)はこの男女の図式が逆転していました。

崔――一九五五年の『運命の手』(ハン・ヒョンモ)という作品も、北朝鮮の女性スパイと南朝鮮の男性諜報員の悲恋もので、ほぼ『シュリ』と似たような構造なんです。物語は男性の主人公を中心に進んでいき、北の女性はなんらかのかたちで南の男性に頼るか、あるいは救われるという展開になる。女性スパイのイメージは『運命の手』から『シュリ』まで四〇年以上経っても変わっていない。おそらく、この種のキャラクターが韓国映画ではあまり描かれてこなかったからだと思います。

岡本――イ・ウォンセ監督の『特別捜査本部 キム・スイムの一生』(70末)みたいな、反共プロパガンダ映画ではいくつかありますね。

『JSA』

崔――私も反共映画はたくさん見ましたが、非常に図式がはっきりしている。つまり、南は白で、北は黒。しかし、韓国社会が民主化された九〇年代以降、映画における政治とセックスの表現は拡大されていきます。往年の反共映画のような図式とは異なる、血の通ったキャラクターとして北朝鮮の人を描くようになった。今振り返ってみると『シュリ』や『ＪＳＡ』(00)は、描き方が変わり始めたころの作品かもしれませんね。

夏目――そのころの韓国映画で、女性が主体的なキャラクターとして登場する作品として唯一記憶に残っているのが『ＪＳＡ』だったかもしれません。イ・ヨンエが演じたのは、スイス国籍の女性軍人でしたっけ。

岡本――そうです。軍事境界線上にある共同警備区域（Joint Security Area）で起きた銃撃事件を捜査するために、中立国監視委員会から派遣された韓国系スイス人将校で、原作とは設定を変えて女性にしています。

夏目――ただわりとミソジニックな描写でしたよね。そう考えると、『ＪＳＡ』が、ベストテンのところで話した男性中心社会やミソジニーにもがく女性刑事の原型ということになるのかな。それまでの韓国映画では、刑事が女性ということ自体があり得なくて、描かれるようになっても、彼女はいじめられたり差別されたりする。

西森――女性差別の描写も、無意識で描かれているものと、意識的にこういう事実があるけれど、そこにどう立ち向かいたいのかが描かれるかでは、また違ってきますね。

岡本――『ＪＳＡ』を公開当時に見たときは、イ・ヨンエが結局は事件の「無難な解決役」として呼ばれたに過ぎなかったという苦い展開に、逆に韓国映画の先進性を感じました。「こういう女性差別をきちんと描くんだ」と。

夏目――日本映画には『ＪＳＡ』や『私の少女』みたいな描き方をする作品は少ないんですかね？

西森――最近だと、『ハコヅメ！～交番女子の逆襲～』っていう女性警察官ものの漫画がドラマ化されてはいましたね。ドタバタコメディだけれど、リアルな問題にも迫っていました。

岡本──超優秀な女性刑事の活躍を描くスリラーとかもありますが、そこまでリアリティ重視ではない印象があります。

西森──『沙粧妙子─最後の事件─』(95)、『アンフェア』(06)とかですね。アメリカのシリーズの日本版『コールドケース ~真実の扉~』(16~)とかもありますね。野木亜紀子さん脚本の『MIU404』(20)なんかは、男性のバディものですが、女性所長がぶつかる困難を描いてました。

韓流ドラマの影響

西森──今でこそ日本映画は女性が病にかかって余命いくばくもないというものが、たくさんありますけど、最近の韓国ではそんなに見かけないですよね。でも、二〇〇〇年代には『私の頭の中の消しゴム』(04/イ・ジェハン)とか、『ユア・マイ・サンシャイン』(05/パク・チンピョ)とか、『ハピネス』(07/ホ・ジノ)とか、同傾向の映画がたくさんあったと思うんです。それはこの時代の特徴として忘れてはいけないな、と。

今の日本映画はそのころの韓国映画のトレンドの影響を遅れて受けているような感じもします。もちろん、大映テレビの「赤いシリーズ」の昔から、『世界の中心で、愛をさけぶ』(04)なんかにしても、余命いくばくもない状況を描いたものは日本でも定番のジャンルとして存在していたと思いますが。

夏目──『私の頭の中の消しゴム』は、日本のドラマ(『Pure Soul ~君が僕を忘れても~』、二〇〇一年)を翻案した作品だけど、韓流ブームの流れで生まれたような企画ですよね。

西森──韓流の影響は無視できないと思います。二〇〇〇年代は韓国でもドラマと映画の関連性が強くて、映画もドラマと同様に、アイドル性やメロ要素などが求められていた時代が確かにあっ

『私の頭の中の消しゴム』

たと思います。SUPER JUNIOR主演の『花美男（イケメン）連続ボム事件』（07／イ・グォン）のようなアイドルムービーもあって、そういう流れは今はもうないんですよね。日本でもかつてあった『CHECKERS IN TAN TAN たぬき』（85／川島透）みたいな、人気者がグループ全員で出演するような作品です。

　当時は、韓流の人気に押されて、韓国映画界も方向性を模索していた時期だったと思います。このころの韓流メロ系でいうと、『八月のクリスマス』（98／ホ・ジノ）、『イルマーレ』（00／イ・ヒョンスン）、『猟奇的な彼女』（01／クァク・ジェヨン）、『ノートに眠った願いごと』（06／キム・デスン）なんかもありました。

岡本――『ノートに眠った願いごと』は、メロドラマだと思って観ていたら一九九五年の三豊《サンプン》デパート崩壊事故が劇中の重要なモチーフとして使われていて、びっくりしました。

西森――『はちどり』で描かれた聖水大橋崩落事故（一九九四年）と並ぶ大事件ですが、『はちどり』のように時代や社会を象徴する出来事として登場させるのではなく、現実の事件をもとに、ドラマとして描いていましたね。

夏目――いまだに韓流の影響力は大きくて、私はオンラインで英会話を習っていて、先生の九割がフィリピン人です。「好きな映画とかドラマは？」と聞くと、日本のアニメ、コリアン・ドラマ、アメリカのアクションが三種の神器ですね。特にコリアン・ドラマはアジア中で観られているので、現在のアジア圏全体の映画を考えるにあたっても韓流の影響は外せないと思います。

西森――当時は映画とドラマの繋がりが今よりも深かったので、ドラマで人気のスターありきの映画もたくさん存在していて、イ・ビョンホンも、ペ・ヨンジュンも、クォン・サンウも、映画にもドラマにもどちらにも出ていました。また、女性キャラクターに関して言うと、ひと昔前の薄幸でリアルな女性像とは違って、ラブコメやメロドラマで尊重されるようなキャラクター造型が映画にも頻繁に登場するようになったと思います。一方で、今の韓国映画では主流になっている刑事ものと

『ミスター・サンシャイン』

かノワールものは、当時はまだあまりうまくいってなかった印象があります。

夏目―韓国映画は昔から男尊女卑の思想を引きずってきたという崔さんのお話がありましたけど、韓流というのはその圧力からの反動で生まれたものでもあるのかな。

西森―それはやっぱり韓流ドラマが女性をターゲットにしていて、世の女性たちを楽しませるという精神が揺るぎなく貫かれているからだと思います。現実社会を反映することを是とする映画と、放送を見てとにかく楽しんだり癒されたりしてほしいというドラマはまったく別のものとして進化していますよね。Netflixやケーブル局のｔｖＮとかではリアル路線もありますが。

崔―これは私の恩師である四方田犬彦先生が言っていたことですが、「『冬のソナタ』に韓国はない」と。現実の韓国社会がまったく映し出されていない、ということですね。ただ、私も最近はNetflixで配信されているドラマを見るようになりました。『未成年裁判』(22)や『D.P. 脱走兵追跡官』(21)など、韓国社会の様々な断面をリアルに描いていて、なおかつ完成度の高い作品が多い。これはドラマも見逃してはいけないなと思うようになりました。ヨン・サンホの『地獄が呼んでいる』(21)もそうですね。いまや映画監督もドラマに進出するようになってきた。

夏目―私も『ミスター・サンシャイン』(18)を観て、韓国ドラマのすごさを改めて感じているところです。日本統治下の植民地時代が舞台なんですが、なんとイ・ビョンホンが奴婢出身の米軍大佐を演じるんですよ。日本人の横暴なふるまいを描いた過激な描写も多く、そういうハードな史劇の部分と、植民地主義と闘う愛国的ドラマと、ハーレクイン・ロマンスのようなメロドラマ性が同時に盛り込まれている。そのなかで、キム・テリが祖国のために闘う良家のお嬢様を魅力的に演じているんです。彼女がイ・ビョンホンを含む三人の男たちに愛されるんですが、ドラマの作り方が徹底的に女性上位で、ラストの展開には驚かされました。

西森―二〇一八年ぐらいから、韓国ドラマは新しいフェーズに突入していますね。Netflixが参画して全世界配信されるようになってから、お金のかけ方も、企画を練るための時間のかけ方も昔とは全然違う。もう絶対にドラマには出ないと思われていたイ・ビョンホンが『ミスター・サンシャイン』に出たのも、それだけの大スターも説得できるほど優れた脚本、映画と同じぐらいリアリティのある演出、莫大な製作費を確保できるから。それと、映画監督がドラマに進出し始めたので、その縁でカメオ出演したりすることもあります。そのシステムが確立している韓国は健全ですよね。時間をかけて脚本を練ることができて、お金も集まって、スターも企画を吟味することができる。

夏目――『ミスター・サンシャイン』は脚本がキム・ウンスクという人で、ドラマ脚本家には彼女のような女性のヒットメイカーが多いと聞きました。

西森――圧倒的に多いですよ。キム・ウンスクは二〇〇〇年代から活躍していて、最近では『トッケビ〜君がくれた愛しい日々〜』(16)を手がけています。この作品も映画界に軸を置くコン・ユが吟味してひさびさにドラマ出演して大ヒットさせた作品です。ほかには『冬のソナタ』から『シグナル』(16)『キングダム』(20)とヒット作を手がけ続けているキム・ウニ、『星から来たあなた』(13)『愛の不時着』のパク・ジウンもいます。韓国は日本と違って、映画の場合は監督が脚本を兼任することの方が多いけれど、ドラマでは演出家とは別に、脚本家がメインクリエイターとして注目されることが多いです。ドラマの場合に関しては日本も同じですが。

夏目――韓流ブームのきっかけになった『冬ソナ』からして、当時としてはかなり女性上位のドラマだった。そこが映画とは対照的ですよね。

岡本――女性をメインターゲットにしたドラマのなかで、女性の表象がどんどん進化と洗練を重ねていって、それが映画にもフィードバックしていったという過程はきっとあるんでしょうね。

注目すべき女性映画人

岡本――二〇〇〇年代に入って、女性映画人も何人か登場してきたと思うんですが、僕が印象深いの

『ワイキキ・ブラザース』

はイム・スルレでした。最初に見たのは『もし、あなたなら　6つの視線』(03)という韓国人権委員会のオムニバス映画で、イム・スルレは整形をテーマにしたエピソードを手がけていました。

崔──私も韓国の女性映画監督として最初に認識したのは、イム・スルレでした。東京フィルメックスで彼女の監督二作目『ワイキキ・ブラザース』(01)を観たんです。それがとても面白かったんですが、一緒に観に行った四方田先生が涙を流したと言っていて「そんなに!?」と思った記憶も残っています(笑)。そのあとに『もし、あなたなら』を観て、あの『ワイキキ・ブラザース』の監督か！　と思い出してからは、映画監督としてずっと意識する存在になりました。今後の新作も楽しみです。

夏目──あとは『子猫をお願い』(01)のチョン・ジェウン監督がいますね。『子猫をお願い』は蓮實重彦が初めて褒めた韓国映画ということで、日本のシネフィルの間でも広く浸透した作品です。濱口竜介監督も好きだと言っていました。ただ『子猫をお願い』以降はあまり目立った活躍はしていない感じですね。

西森──韓国では華々しいデビューを飾った新人監督でも、二作目、三作目と続けるのが大変という傾向があると思います。二〇〇〇年代にヒットしたものと、二〇一〇年代以降にヒットするものでは毛色が異なりますし。

夏目──二〇〇〇年代はそこまで盛んに女性監督がデビューできた時代でもなかったですね。

崔──そもそも、イム・スルレが出てきた時点で、韓国ではまだ数えて五人目か六人目の女性監督でした。そのあと、イ・ジョンヒャンが『美術館の隣の動物園』(98)でデビューします。二作目の『おばあちゃんの家』(02)は大ヒットしましたが、長編はまだ三本だけです。それから『子猫をお願い』のチョン・ジェウン監督が出てきました。海外留学経験や、学校で映画製作を専攻した経験を持つ監督たちです。このこ

『ディーバ 殺意の水底』

ろ、釜山国際映画祭や全州国際映画祭などで新人監督のデビュー作を上映できる場ができ、デジタルカメラの普及などで制作環境や上映環境も大きく変わっていきました。そのなかで、イム・スルレに続くかたちで女性監督も徐々に増え、現在に至っているのだと思います。

岡本――ここ数年の釜山国際映画祭では、国内映画のインディペンデント部門で女性監督による出品作がどっと増えていましたね。イム・スルレは商業映画に進出してもコンスタントに撮り続けていて、そういう意味でも後進に勇気を与える存在でもあると思います。二〇〇〇年代にデビューした女性監督では、『4人の食卓』(03)のイ・スヨン監督もいます。巫堂《ムーダン》の血を受け継いだ現代女性の物語で、ホラー映画としてはだいぶ毛色の違う心理ドラマ的な仕上がりでしたが、作家性あふれる強烈な作品でした。

夏目――ホラーの近作では、チョ・スレ監督の『ディーバ 殺意の水底』(20)もよかったですね。水泳の飛び込み選手が主人公で、映像がすごく美しかった。『4人の食卓』もそうですが、怖くて美しくて力のある画を撮る女性監督を輩出する風土が、韓国にはあるのかな? と思ったりしたんですが。

崔――ある時期までの韓国はホラー不毛の地で、それは韓国社会がそもそもホラーだったから、という話を先ほどしました。そのあとに出てきた韓国ホラーは、Jホラーの影響をかなり受けているんです。特に『リング』(98/中田秀夫)の影響はすごく大きかった。ただし、日本映画が自由に公開できる時代ではなかったので、先に韓国版リメイク『リング・ウィルス』(99/キム・ドンビン)を作って公開し、ヒットしました。

岡本――ちなみに貞子にあたる役を演じたのは、これが映画デビュー作になったペ・ドゥナでした。

夏目――ペ・ドゥナ論を書くために観ましたが、日本版と粗筋はほぼ同じだし、あまり面白くも怖くもない映画でしたね……。

崔――それまでの韓国ホラーといえば、朝鮮時代の白装束の女性がお化けとして登場するイメージでした。しかし『リング』で新たな幽霊の表象を得たことで、現代を舞台にしたホラーも作られるようになった。不思議なのは、日本もそうですが、なぜか女子高生がホラーの主人公になることが多いんですよね。

岡本——『囁く廊下』(98/パク・キヒョン)に始まる「女校怪談」シリーズは有名ですね。二作目の『少女たちの遺言』(99/キム・テヨン、ミン・ギュドン)は女子高生の青春群像劇としても高く評価されて、三作目『狐怪談』(03)では女性監督ユン・ジェヨンがデビューしています。十代の少女たちの不安定な心理、学校や大人たちからの不条理な抑圧みたいなものも描いていて、同じティーン女子からの圧倒的支持を得たそうです。『4人の食卓』のイ・スヨンはちょっと作家的文脈が異なりますが、『ディーバ』のチョ・スレは「女校怪談」シリーズでデビューしてもおかしくない演出センスの持ち主だと思いました。

夏目——ホラーにおける少女の表象にはどんな意味があるのかしら。確かに『4人の食卓』のテーブルに突っ伏す少女の霊は何とも言えず怖かったですね。

岡本——社会的には庇護されるべき弱者であり、そのくびきから放たれたい多感な年ごろであるという危うさが、それ自体サスペンスを醸し出す存在ではありますよね。ホラーの場合、人智を越えたものと通じてしまう神秘性を与えられることも多い。『不信地獄』(09未/イ・ヨンジュ)の神隠しに遭ってしまう少女シム・ウンギョンや、『哭声/コクソン』(16/ナ・ホンジン)で悪霊に取り憑かれてしまう幼女は、現世ではなく彼岸の存在になってしまう。その危うさと孤立の可能性があるからこそ、単身戦う姿を尊いものとして描ける存在であるとも思います。それはホラージャンルに限らず、『ブルドーザー少女』などの作品もそうですけど。

Ⅲ　二〇一〇年代以降〜新しい女性映画の時代〜

『怪しい彼女』

夏目――ベストテンに上がった作品の多くは、二〇一〇年代以降の作品でしたね。韓国でもリアリティのある女性映画が登場してきた時代ということなんでしょうか。

西森――二〇一一年に『サニー 永遠の仲間たち』があり、二〇一四年の『私の少女』『明日へ』があって、その時期ではファン・ドンヒョク監督も女性描写に力を入れていました。『トガニ 幼き瞳の告発』（11）では聴覚障害者学校で性虐待される幼い少女を描いていて、『怪しい彼女』（14）では七三歳の女性が若い女性に変身するという物語で、変則的に二世代の女性を描いていました。

夏目――『怪しい彼女』は典型的な韓流コメディのフォーマットと、韓国の高齢女性をとりまく現実問題をうまく融合させている感じがして、好きでしたね。『バッカス・レディ』も高齢女性を描いた秀作なんですが、女性としてはやはり観ているとつらい。『怪しい彼女』は懐メロの使い方も良くて、『サニー 永遠の仲間たち』とも共通する魅力がありました。どちらも日本をはじめ各国でリメイクされましたね。

少女の表象

夏目――最近の韓国映画では少女の表象が目立っていて、日本映画のそれとは違う特異さがあると思うんですね。日本映画の場合、少女が必ず男性と恋愛したり、性の目覚めが描かれたりする。大林宣彦や相米慎二の作品、あるいは角川映画に顕著ですが。最近の韓国映画に出てくる少女は、恋愛とは無関係で、あくまでその映画を撮る女性監督の自画像、またはそれに近いものとして登場する。『はちどり』はそれが顕著でしたし、その前には『冬の小鳥』（09／ウニー・ルコント）がありました。どちらも演出が非常に淡々としているというか、今までの韓国映画のようなどぎつい展開や大きなドラマは起きないところを、いかにその日常の生活が彼女にとっては事件なのかという風に描くところが共通しています。

西森——最近の女性映画は、ほとんどがそういう演出ですよね。少女が出てくる映画で言えば、『わたしたち』（16／ユン・ガウン）にしても『夏時間』（19／ユン・ダンビ）にしても、ドラマとしては一見「何も起こらない」ように見えるぐらい語り口は淡々としている。二〇二〇年代に入る前後に登場してきた女性監督の作品は、かつて「韓国にはなかった」と言われる何も起こらない淡々とした映画になってきていると思います。

夏目——『ユンヒへ』も男性監督の作品とは思えないぐらい、過剰な盛り上げ方を一切しない繊細な映画でしたね。ここでも主人公の娘として、高校生の少女が登場します。同級生との淡い恋は描かれるけど、性の匂いはしない。

崔——私は『ユンヒへ』を観たとき、『私の少女』と同じような感覚を持ちました。『ユンヒへ』にはセボム、『私の少女』にはドヒという少女が登場します。このキャラクター自体が、ある意味、多様性のある社会を目指しながらも未熟な状態にある韓国を象徴しているのではないかという気がしました。

岡本——『私の少女』でドヒを演じたのは『冬の小鳥』にも主演したキム・セロンでした。『アジョシ』（10／イ・ジョンボム）でも、ウォンビン演じる無敵の主人公が救おうとする少女を演じていたので、当時は「この子は守らなければと思える」寄る辺ない少女の表象のようなイメージだった気がします。

崔——『私の少女』では、虐待、LGBTの問題とともに、搾取される外国人労働者も描かれます。それらの問題に関しては非常に未熟な状態にある韓国が、今後どうやって生き延びていけばいいのかということを、ドヒという少女を通して描いている。その未熟さを体現するのが、ドヒの前近代的な家族ですね。息子に執着するおばあさんと、暴力的なお父さんがドヒの成長を阻んでいて、その状況から脱出するためには彼らを排除するしかない。結果的には、前近代的なものを排除しないかぎり、韓国は成長しないという結末になる。これはかなり過激な描写だと思います。

『ユンヒへ』

夏目―確かにラストシーン、二人が車に乗って村を出るというだけの描写なんですけど、ただごとではない感じがします。

崔――一方、『ユンヒへ』に登場する少女の名前はセボム、つまり「新しい春」という意味です。劇中では「雪はいつ止むのかしら」というセリフが繰り返されますが、主人公のジュンとユンヒが置かれている状況は真冬なわけです。ユンヒも、『私の少女』のペ・ドゥナ演じる警官も、レズビアンであるというアイデンティティは、周囲からは病気扱いされる。韓国の儒教的思想の中では、病気でしかないわけです。そこに「新しい春」を導く者として、ユンヒの娘セボムが現れる。最終的に、降り積もる雪に閉ざされたような状況は、この娘によって春を迎えるのではないか……そんな未来を提示しているような気がしました。そうやって比較して観ると、ドヒとセボムはまさしく今の韓国の状況を、それぞれのアプローチで語っているのではないかと思いました。

　その原点として挙げたいのが、チャン・ソヌ監督の『つぼみ』(96)です。この映画では、ムン・ソングン演じる中年男が、イ・ジョンヒョン演じる小学生の少女を引きずりまわしながら暴行し続ける。その背景には一九八〇年の光州事件があるわけです。民主化を目指して出発したばかりの、いわば子供のような当時の韓国と、それを蹂躙し続けてきた軍事政権のメタファーなわけです。この『つぼみ』で描かれたものが、『私の少女』と『ユンヒへ』では別の形として現れたのではないかと思いました。

岡本―チャン・ソヌという監督はかなり過激な作風で知られる人で、『つぼみ』で描かれるのもフェミニズムとは完全に逆行する醜悪で悪夢的な世界なので、あまり容易に薦められない作品ではあります。そこからの流れで、弱者である少女の姿を通して社会悪を糾弾するという作品には、『ハン・ゴンジュ 17歳の涙』や『ソウォ

『つぼみ』

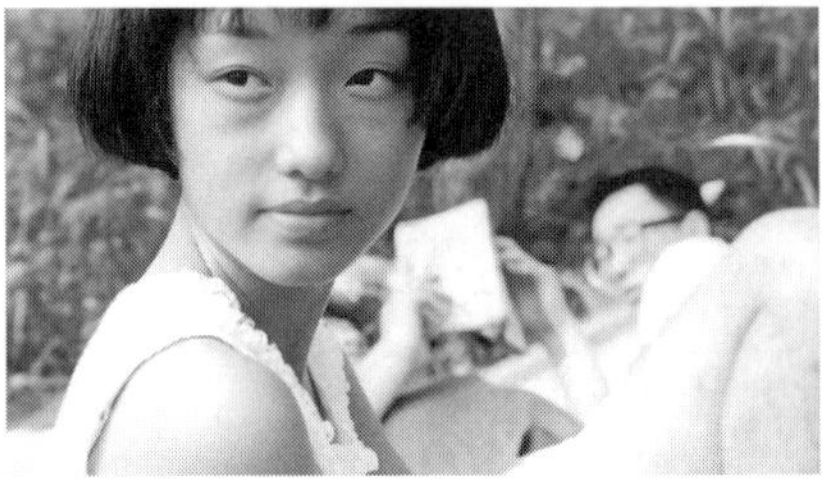

ン／願い』などがあります。これらも現実にあった陰惨な暴行事件をモデルにしているので、観る前に注意したほうがいい作品ではあります。女性映画というよりは、むしろそういう醜悪な現実を知るために男性観客が観るべき映画という気もします。

夏目──日本でも韓国でも、少女と性は切り離せないものとして描かれる傾向が強かったと思いますが、最近の韓国映画では変わりつつあると思います。『冬の小鳥』や『はちどり』のような純粋な自伝／自画像としての少女だったり、『夏時間』のようにひと夏の記憶を切り取るような物語の主人公として少女が選ばれていたり。

西森──何も起こらないように見えて、何かが起こっている日常的ドラマの中心を担う存在として少女が描かれることは多くなりましたよね。これまで背負わされがちだった社会的に弱い立場であるということだけでなく、個々の私的記憶を体現するようになりました。それは日本のものとも違い、こんな少女の描き方ができるんだ、と最近の韓国映画を観ると思います。

夏目──崔さんは韓国社会は未熟であると言われましたが、ある変化が起きると、そこからの進みは早いというか、やるとなったらやるという姿勢は羨ましいですね。日本でも山戸結希監督のように、女性視点から思春期を描く人も皆無ではないですが、少女漫画原作の映画を撮ることが多い彼女の近年の商業作品では性の問題は切り離せません。男性監督が描く少女の性の目覚めなんかとは違って清新ではありますが。

韓国の、『冬の小鳥』から始まって『わたしたち』や『はちどり』と続く少女映画群は本当に特異だと思います。『冬の小鳥』『わたしたち』『私の少女』ともイ・チャンドンが企画や製作に関わっていますが、そういうプロデューサーが日本にはいないんでしょうか。

西森──イ・チャンドンはもちろん監督としてもすごい人ですけど、才能ある女性監督を見出してデビューさせるプロデューサーとしての才覚も秀でてますよね。

夏目──日本は韓国ほどに女性の社会的立場が窮屈ではない、という事情もあるのかな。『はちどり』

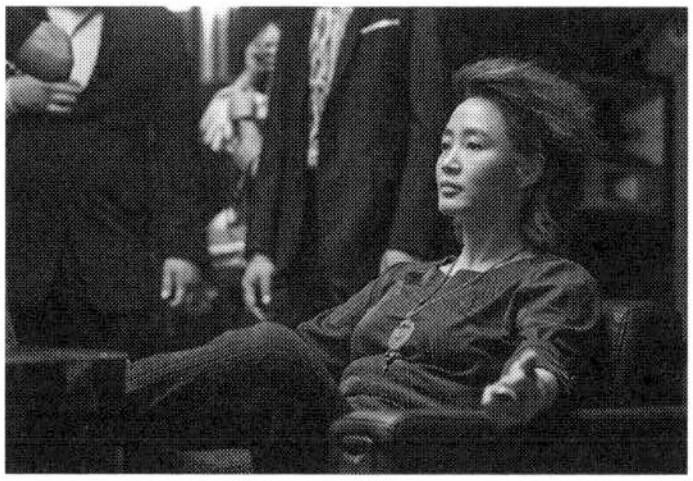

キム・ヘス『コインロッカーの女』

や『冬の小鳥』の監督たちがデビュー作で自らの記憶と体験を描いているのは、まずはその課題を乗り越えないと先に進めないという切実な思いがあるんでしょうか。

西森――どちらかというと、日本で「良い作家の良い映画」を作ってヒットさせることが難しいということがあり、なにかというと過去のヒットした作品に倣って同じようなものばかりになってしまうことと関係があると思います。

崔――ただ、自伝に寄り過ぎるという傾向も、一歩間違えると、作家としての限界を作ってしまうことにもなると思います。その次に何を描くのか、となったときに迷いが生じてしまう。キム・ボラ監督は『はちどり』以前にも、すでに短編で自伝的な物語を描いていたので、お母さんから「もう餅屋を出すのはやめて」と言われたそうです。実際に監督の実家は餅屋を営んでいるらしくて。

西森――キム・ボラ監督、次は『スペクトラム』というSF小説の映画化を企画しているみたいなので、期待しています。

わたしたちのイチオシ女優

岡本――少女といえば『コインロッカーの女』のキム・ゴウンも良かったです。仁川の中華街で闇金業者を営む女ボスをキム・ヘスが演じていて、その手下として働く元捨て子の娘というキャラクターを、鈍く光るナイフみたいな眼差しで演じていました。犯罪映画であり、女系家族のドラマであり、世代交代と通過儀礼のドラマでもあるという、印象的な映画でした。

夏目――キム・ヘスも、今一番乗っている女優ですよね。『ひかり探して』のパク・チワン監督にインタビューしたとき、キム・ヘスを起用した理由が「『コインロッカーの女』と『タチャ イカサマ師』（06／チェ・ドンフン）の彼女が好きだったからだ」と語っていて、わかる気がしました。

西森――Netflixのドラマ『未成年裁判』も話題を呼んでますが、私はその前の主演ドラマ『ハイエナ

イ・ジョンウン『未成年』

—弁護士たちの生存ゲーム—』も大好きな作品でした。キム・ヘスって昔はもっと色っぽい人だったけど、きりっとした感じになってから、一人勝ち状態ですね。

崔——キム・ヘスは私にとってはアイドル的な存在で、年齢も近いんです。私が中学生か高校生のころ、彼女のデビュー作『カンボ』（86未／イ・ファンリム）が公開されたんです。彼女はテコンドー上級者なので、それでキャスティングされたんですが、当時からすごく可愛かったので大人気でしたね。子役でデビューして、そこから現在まで女優として第一線で活躍し続けている。そんな人はなかなかいないと思います。

夏目—皆さんのイチオシ女優みたいな人はいますか？

西森—私はドラマでコメントを求められると『ハイエナ』の話ばかりしてしまうぐらい大好きなので、やっぱりキム・ヘスですね。変なところもあるのに一本筋が通っている役が多くて、すごくかっこいいし、大人の女性としての魅力も兼ね備えていて、ロマンスの部分でもしっかり見せてくれる。あと、今回の座談会の準備でチョン・ドヨンをたくさん見ました。

夏目—私もチョン・ドヨンは好きな女優なんですが、ちょっと昔の韓国女性像を背負っている感じがありますね。

西森—そうですね。ものすごい悲しみを抱えていたり、虐げられたりする役を演じることが多い。代表作の『シークレット・サンシャイン』（07／イ・チャンドン）もそうだし、最近では『君の誕生日』（19／イ・ジョンオン）も息子を亡くした喪失感に耐えている役でした。

岡本—近作の『藁にもすがる獣たち』（20／キム・ヨンフン）では珍しく悪女役でしたね。さすがに虐げられる人ばかり演じるのも飽きてきたのかな、と思いました。

崔——私が最近気になって好きになった女優は、イ・ジョンウンです。二〇一〇年代の話題作を見直しているとやたらと彼女が目に付くんです。『母なる証明』『明日へ』『私の少女』、『弁護人』（14／ヤン・ウソク）や『哭声／コクソン』、『タクシー運転手　約束は海を越えて』にも出ていました。

キム・テリ『リトル・フォレスト 春夏秋冬』©2018 Daisuke Igarashi /Kodansha All Rights Reserved.

日本では『焼肉ドラゴン』（18／鄭義信《チャン・ウィシン》）のお母さん役に続いて『パラサイト　半地下の家族』（19／ポン・ジュノ）での家政婦役で認知されていったと思いますが、『オクジャ』（17／ポン・ジュノ）ではなんとオクジャの声を担当しています。俳優のキム・ユンソクが監督した『未成年』（19）にも、駐車料金をせびる田舎のおばさん役でワンシーンだけ出て場をさらっていく。監督たちからの信頼厚い彼女の出演シーンに、これからも目を凝らしていきたいですね。

夏目―私はキム・テリが好きですね。彼女は『お嬢さん』では身分の低い女性、『ミスター・サンシャイン』では貴族の令嬢を演じていて、自然体で、性の匂いがあまりしないのがいいですね。『お嬢さん』ではキム・ミニのほうが艶っぽくて、キム・テリはヌードにもなるけど淫靡な感じがしない。その後も『リトル・フォレスト　春夏秋冬』などで森ガールみたいな若い女性を演じていますが、『1987、ある闘いの真実』（17／チャン・ジュナン）では、民主化闘争に身を投じる女子大生を演じています。『ミスター・サンシャイン』といい、ここ最近は闘士の役が増えているのも面白いと思っていて、チョン・ドヨンに代わってキム・テリが韓国映画の何かを引き受けようとしているのかな、みたいなことを考えたりしています。

岡本―僕のイチオシは、イ・ジュヨンです。『野球少女』でプロ野球選手を目指す主人公の女子高生を演じていて、これ以上ないくらいのハマリ役でした。男子部員や男性コーチに囲まれて文字どおり孤軍奮闘するわけですが、表情だけで気丈さと不屈の精神が伝わってくる、すごい女優だと思いました。『春の夢』（16／チャン・リュル）では脇役でしたが、

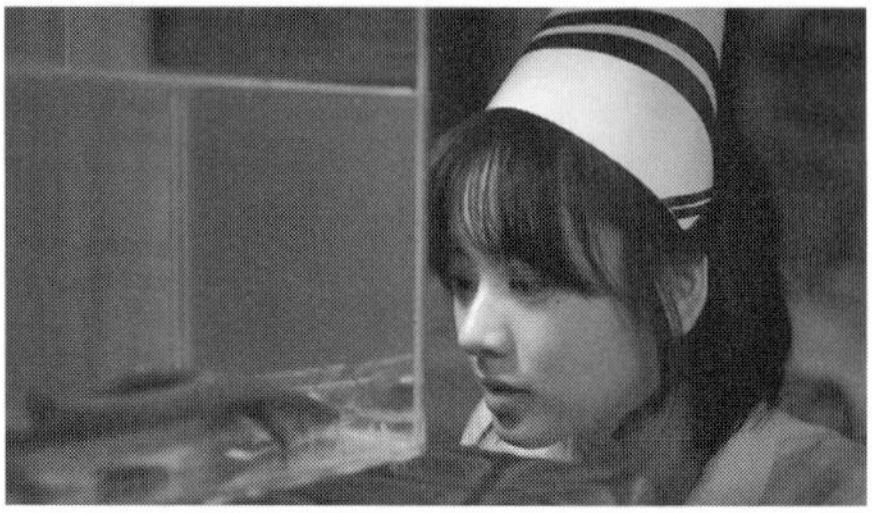

イ・ジュヨン『なまず』

当時から存在感が抜きんでていて、出世作になったドラマ『梨泰院《イテウォン》クラス』(20)のトランスジェンダー役にもつながるボーイッシュな魅力もすでに感じられました。最初に見たのは、イ・オクソプ監督の長編デビュー作『なまず』(19)だったんですが、これはどちらかというと等身大の女の子っぽい役で、彼女のコメディエンヌとしての才能が光っています。是枝裕和監督の『ベイビー・ブローカー』(22)にもペ・ドゥナ演じる刑事の部下役で出演していたり、これからの活躍が注目される人です。

西森――そういえば今日は意外とペ・ドゥナの話題があまり出てきませんでしたね。

岡本――ペ・ドゥナはもう永世チャンピオンとして、別格の位置づけじゃないですか(笑)。僕がそもそも最初に韓国映画ですごいと思った女性キャラクターは『復讐者に憐れみを』のペ・ドゥナ演じるアナーキストでした。

夏目――私は長文のペ・ドゥナ論を書くのでここでは発言を控えさせて頂きました(笑)。『私の少女』もキム・セロンとペ・ドゥナという配役がよかったと思います。特にペ・ドゥナはちょっとブッチ(レズビアンの男役)っぽい役で、そこにすごくリアリティがあった。『私の少女』、今年のカンヌ映画祭で上映されたチョン・ジュリの新作『次のソヒ』(22未)と是枝裕和監督の『ベイビー・ブローカー』と、刑事の役が続いているのも気になりますね。

西森――海外進出した女優としても先駆的だったし、『秘密の森』(17)のように、映画ファンも引き込むドラマにもいち早く出ていましたね。「ペ・ドゥナが出てるんだからきっと面白いはず」と思えるような、作品選びの確かさにおいても信頼度の高い女優だと思います。

日本からの影響

夏目――私は今年の二月に、国際シンポジウムで『少女漫画と岩井俊二監督作品の関係と東アジアへの波及』という発表をしたんですけど、実際に岩井監督は少女漫画の愛読者であることを公言しているんです。そんなときに、崔さんがTwitterで「『キャンディ♡キャンディ』が韓流ドラマのプロットの原点になっている」と書かれているのを読んで。その話をお伺いしたいです。

韓流が日本の少女漫画から影響を受けているという言説は、前からあったと思いますが。

崔——確か四方田先生が仰ってましたよね。

夏目——でも『キャンディ♡キャンディ』が発表された時代って、まだ韓国で日本文化の輸入が禁止されていたころじゃないですか？

崔——そうです。でも、みんな海賊版とかで漫画は読んでいたし、アニメは日本の作品であることを伏せて普通にテレビで放映されていたんです。舞台がアメリカとイギリスで、主人公の名前がキャンディなので、我々はそれが日本の作品だと思わなかった。あとになって、自分が子供のころに見ていたアニメの大半が実は日本のものだったと知るんです。逆に、どれが日本のアニメではなかったんだ？　みたいな。

夏目——崔さんは少女漫画も読まれていたんですか？

崔——私は読みませんでしたが、姉や妹は読んでいたので、それを横目に見て存在は知っていました。『ベルサイユのばら』とか、『ガラスの仮面』とか、『花より男子』とか。

西森——一時期の韓流ドラマだけでなくアジアドラマは、『花より男子』の影響は大きかったですね。『コーヒープリンス1号店』(07)とか『美男ですね』(09)とか『トキメキ☆成均館スキャンダル』(10)とか。ヒロインが男の子を装ってイケメンたちのグループに入っていく設定は、日本の『花ざかりの君たちへ～イケメン♂パラダイス～』(11)の影響もあると思います。

『美男ですね』などで「ラブコメの名手」といわれる脚本家のホン姉妹は、『キャンディ♡キャンディ』からキャラクターを造形したといろんなインタビューで語っていますし、『冬のソナタ』のキム・ウニも影響を受けたと言っています。実際、アンソニーとテリウス的な正反対のキャラク

『泥沼から救った私の娘』

ターって定番ですしね。

崔―設定やキャラクターを応用するような「影響」もありますが、もっと乱暴な言い方をすると直接的な「パクリ」も昔から映画界で行われてきました。日本映画が正式に解禁される前の一九九八年前後、テレビ局がドキュメンタリー番組を作ったんです。韓国映画がどれぐらい日本映画をコピーしてきたかを検証するという内容で。

岡本―面白そうですね。

崔―そもそも映画自体、植民地時代に日本から入ってきたわけです。韓国の第一世代の映画人たちは、日本語ができる世代なので、日本に行って映画製作を勉強した人が多い。でも、政治的に日本との交流が禁じられて以降、良い企画を手っ取り早く手に入れるためには、日本でウケている作品のシナリオを持ってくるのが常套手段のひとつでした。その歴史をまとめたドキュメンタリーには、イ・ミレという女性監督も登場します。彼女のデビュー作は『泥沼から救った私の娘』(84未)という作品なんですが、これは日本の『積木くずし』(83／斎藤光正)の翻案なんです。ちゃんと原作の映像化権を買って製作したと言われていましたが、後年になってそれが嘘だったことが判明し、バッシングを受けました。

二〇〇〇年代に入ってからも『アメノナカノ青空』(03／イ・オニ)という韓国映画が、澤井信一郎監督の『ラブストーリーを、君に』(88)そっくりだと指摘されたりしています。だから珍しいことではないんです。

夏目―韓国で日本原作の作品や、リメイク作品が多いのは、その歴史を引き継いでいるのかもしれないですね。最近になって正式に版権をとるようになったというだけで。

西森―そういう意味では、今の韓国映画界で「何も起こらないドラマ」が作られているのも、日本文化の影響といえるかもしれませんね。実際、二〇一〇年ごろに韓国の俳優や監督にインタビューすると、「日本の淡々とした一見何も起こらないストーリーテリングの映画がとても好きで、韓国でもいつか作ってみたい」と語る人がけっこういたんです。当時は「そういうものなのかな」と思っていたけど、今になってようやくそれがわかってきました。

ホン・サンス作品のプロデューサーだったキム・チョヒ監督の『チャンシルさんには福が多いね』(19)にも、主人公が小津安二郎のすばらしさや「何も起こらない日本映画」の魅力について熱く語る場面がありますよね。今の韓国には本当にそういう映画を作りたいという志のある人がいるんだな、と実感しました。まあそれも、韓国のはっきりしたストーリーテリングから脱却したいという、前向きな考えがもとにあると思います。逆に日本は、韓流ドラマを見て、はっきりしたストーリーテリングを再評価するようになったということもありましたし。

崔——私も十年ほど前、東京国際映画祭の一環でソウル国際女性映画祭の代表も出席したシンポジウムを取材したことがあったんです。そこで『折り梅』(01/松井久子)という、介護をテーマにした日本映画が韓国の観客に大好評だったという話を聞いたんです。非常に起伏の少ない地味な映画なんですが「こんな映画は韓国にはない」と歓迎された、と。それを聞いて驚いた記憶があります。

岡本——そういうタイプの映画が韓国でも作られるようになったころ、イム・スルレが真っ先に『リトル・フォレスト』のリメイクに挑んで、しっかり成功させたのは流石でしたね。

夏目——でも、ただ淡々としているだけだと、韓国映画としては物足りなさを覚えてしまうところもあります。たとえば『明日へ』のクライマックスで、弱者が捨て身で権力に立ち向かうさまを手に汗握るスペクタクルとして見せるような、そういう熱さも描けるところが韓国映画の魅力でもあるし、女性映画でもそれは実現できると思うんですよね。

パク・チワン監督が『ひかり探して』で今までの離島・少女・女刑事という韓国ミソジニー・サスペンスの三種の神器をひっくり返したように、今までの文法や価値観をひっくり返すようなことは可能なはずです。これからもぜひ驚かせてほしいですね。

韓流ドラマの女性像

小論

西森路代
Michiyo Nishimori

従来のステレオタイプを覆《くつがえ》す女性像 ～二〇〇〇年代～

韓流ブームは一九九七年のアン・ジェウク主演のドラマ『星に願いを』が中国でヒットしたことがきっかけで始まったと言われている。日本では、二〇〇二年に『イヴのすべて』（00）がテレビ朝日の地上波で放送され、アナウンサーとしての成功を夢見る女性同士の愛憎うずまく世界が斬新に受け入れられた。『冬のソナタ』（02）が日本で放送されたのはその直後の二〇〇三年である。この頃のドラマでは、思いを寄せる男性を取り合って女性同士がライバルとなったり、耐え忍んだり涙を流すことも多かった。

しかし、二〇〇五年頃からは、ヒョンビンがブレイクした『私の名前はキム・サムスン』（05）、チュ・ジフンの連続ドラマデビュー作の『宮～Love in Palace』（06）などのラブ・コメディが人気となる。『キム・サムスン』のヒロインは、『ブリジット・ジョーンズの日記』（01）を思わせる、ちょっぴり太目で思ったことははっきり言うタイプ。女性のステレオタイプを覆す姿が新鮮であった。

対して『宮』のヒロインは、高校で美術を学ぶ普通の学生。貧乏だったが、祖父の代の取り決めで、王室の継承者の許嫁《いいなずけ》であったことが発覚。貧乏な女の子とお金持ちの王子とのラブ・ロマンスは日本の少女漫画でアニメやドラマにもなった『花より男子』の影響も感じられた。ちなみに『宮』も漫画原作の実写化である。こうしたラブコメのヒロインは、おてんばだが強い正義感の持ち主で、お金持ちの男性が自分を見つけてくれることで、現在の状況から連れ出してくれるというストーリーが多かった。

『宮廷女官チャングムの誓い』

　同じ頃、時代劇ではイ・ヨンエが主演の『宮廷女官チャングムの誓い』（03）が日本でも大ヒットした。チャングムは女官として宮廷に入り、料理と医療の知識を得て〝大長今《テジャングム》〟の称号を受ける。ヒロインの努力の重要さを謳うと同時に、宮廷の文官であり武官でもある男性の存在も大きかった。ただ、これまでの宮廷ものは、側室などの物語がほとんどであったのに対し、このドラマは市井の女性の物語であり、それは画期的だった。

　大人のラブ・コメディも作られ始め、ヒロインをアラフォーの女性が演じることも多くなっていく。『キム・サムスン』のヒロインを演じたキム・ソナは『シティーホール』（09）で仁州市役所の下級公務員からひょんなきっかけで市長になるという役を演じた。副市長が、最初はヒロインに反発していたが、次第に彼女をサポートしていく姿も描かれる。女性が男性にフックアップされるのではなく、サポートされるというのが、新しい構図でもあった。

　その頃、キム・ソナと並んで大人のラブコメに出演していたのが、歌手でもあるオム・ジョンファだ。彼女は映画の世界でもオールド・ミスを演じてきたが、ドラマ『彼女がラブハンター』（07）でも学生時代はクイーンと称されたものの、今ではオールド・ミスというヒロインを演じた。かつて韓国では『オールドミスダイアリー』（04）という二〇〇話を超すシットコムが流行っていたこともあり、オールド・ミスは、リアルな女性を描くひとつのテーマとして大きかったのである。

　オム・ジョンファは日本のドラマのリメイク、『結婚できない男』（09）に内科医として出演。また独身男性たちの生態を描き、チャン・ドンゴンが一二年ぶりにドラマ主演した『紳士の品格』(12) もヒット。男性の未婚を取り上げる作品も多くなった時期だったが、それだけアラフォーの「結婚しない男女」が社会的なイシューだったということだろう。

『紳士の品格』に出てくる女性たちは、それぞれ高校の教師やプロゴルファーなど、自分でキャリアを築いていた。これは庶民がお金持ちによって「引き上げられる」構図であった少し前とは大きな違いである。ほかにもパク・ヨンハ主演でテレビドラマ制作の裏側を描いた『オンエアー』(08) などもヒットしたが、そこでもヒロインの役はアラフォーの脚本家であり、大人のお仕事ドラマが数多く見られた。

この当時、同時に人気があったのが、イケメン群像劇の『コーヒープリン1号店』(07)、『トキメキ☆成均館スキャンダル』(10)、『美男〈イケメン〉ですね』(09) だ。これらの作品はいずれも女性がある事情から男性の姿をして男性ばかりの環境に潜入、そこでさまざまな出来事が巻き起こるという展開が共通している。日本の『花ざかりの君たちへ〜イケメン♂パラダイス』(11) の影響も感じられ、韓国でも二〇一二年にドラマ化された。こうしたドラマのヒロインは、ある意味、乙女ゲーム(女性が主人公の、女性向け恋愛ゲーム)の中のプレイヤーのような、出来事の傍観者のような立場でもあったように思う。

「笑わない」「媚びない」女性たちの登場　〜二〇一〇年代以降〜

この本の座談会でも名前の挙がったキム・ヘスは韓流ブーム以降、あまりドラマの世界では活躍していなかったが、二〇一三年に日本のドラマ『ハケンの品格』(07) のリメイク『オフィスの女王』で主演をつとめる。思えば、二〇〇〇年代から二〇一〇年あたりまでのテーマ(オールド・ミスや大人のラブコメディ)に、キム・ヘスはどこかあわなかったのかもしれない。『オフィスの女王』は非正規雇用について描き、社会派の作品と評価されている。

韓国ドラマが変化した一つの要因として、ケーブル局のtvNが、『ミセン〜未生』(14) などの社会派のドラマを次々と作り、それが視聴率でも成功したことが大きいと感じる。tvNはCJ ENMが母体のテレビ局であり、その良質なドラマのほとんどを同じくCJ ENMを母体としているスタジオドラゴンが手掛けている(スタジオドラゴンは二〇一九年からはNetflixと提携している)。

この変化と共に、キム・ヘスはドラマでも輝くようになった。『ミセン』の演出家キム・ウォンソクが手掛けた

『未成年裁判』

tvNの『シグナル』(16)は、抑えたトーンの映像が印象的。キム・ヘスは長期未解決事件のチームのリーダーを演じる。『ハイエナ―弁護士たちの生存ゲーム―』(20)では、手段を択ばない敏腕弁護士を、Netflixの『未成年裁判』(22)では少年犯を嫌悪する裁判官のシム・ウンソクを演じている。どの作品でも、キム・ヘスは一見、冷徹で無表情の変わり者、でもその中には信念も熱さも持ち合わせている、というような役を演じることが多いが、昨今の韓国ドラマには、こうした「笑わない」ヒロインも増えている。

是枝裕和の映画『ベイビー・ブローカー』(22)でも注目のIUことイ・ジウンの主演ドラマ『マイ・ディア・ミスター～私のおじさん～』(18)もその一つ。独特の暗いトーンのこのドラマも、やはりキム・ウォンソクの演出で、スタジオドラゴンの制作。IU演じるイ・ジアンは、病気の祖母と二人暮らしで、借金を抱えて生きていて、ほとんど笑わない。

ペ・ドゥナが刑事を演じる『秘密の森』シリーズ(17、20)もやはりtvNで放送、スタジオドラゴン企画の作品。この作品で笑わないのはチョ・スンウ演じる検事のファン・シモクであるが、ペ・ドゥナ演じる刑事が、とっつきにくいシモクのよきバディとなっていく。

昨今の韓国ドラマ、特にtvNで放送、スタジオドラゴン制作／企画のものは、二〇〇〇年代に見られた天真爛漫なヒロイン像を打ち崩し、ジェンダー規範を押し付けられないキャラクターが多くなっている。そんな中『愛の不時着』(19)は、ヒロインが二〇〇〇年代の典型的なおっちょこちょいで傍若無人なところもあるものの、キャリアを持ち自立する女性であり、愛すべき人である(そして今はこの言い方もどうかとは思うがオールド・ミスでもある)というラブコメの歴代の王道のキャラクターの全てを踏襲しているのである。

もっとも、ヒロインを演じたソン・イェジンは『よくおごってくれる綺麗なお姉さん』(18)、『39歳』(22)でも、コミカルで自立したヒロインを演じている。ただ、二〇〇〇年代と違っているのは、現代的な問題点、女性だから受ける困難に対して、悩んだり抗ったりする姿をよりリアルに演じているということだろうか。

韓国映画における中国朝鮮族・脱北女性

小論

崔盛旭《チェ・ソンウク》
Choi Sung wook

コリアン・ディアスポラの状況

朝鮮半島の近現代史において忘れてはならない存在に「コリアン・ディアスポラ」がいる。日本による植民地統治と解放、直後の南北分断から朝鮮戦争へと続く激動の歴史の中で、自発的・強制的にかかわらず朝鮮半島を離れ、日本（在日コリアン）、中国（中国朝鮮族、以下朝鮮族）、旧ソ連（カレイスキー）といった土地でマイノリティとして共同体を形成していった多くの人々を意味する言葉だ。だがこれは決して過去の歴史ではなく、今この瞬間も命懸けで中国との国境を越えようとしている北朝鮮からの脱北者もまた、現在進行形のコリアン・ディアスポラである。

今では当たり前のように使われている「脱北者」の用語だが、一九九四年の金日成《キム・イルソン》主席の死去を契機に、それまでの政治的亡命から大きく様相を変え、一般市民の韓国への脱出者が急増したことから誕生し定着した呼び名であり、その歴史はまだ新しい。また朝鮮族はその起源は一九世紀まで遡るものの、一九九二年の中韓国交正常化や出入国の緩和政策などによって、韓国への流入者が爆発的に増加した。こうして韓国との「再会」を果たした彼らだが、その後の韓国での暮らしは幸せとは程遠いものとなった。

韓国国内の脱北者や朝鮮族が増えたことによって、必然的に映画の中に彼らが登場する機会も多くなった。だが映画における彼らは、人身売買や詐欺といった犯罪に加担する者（朝鮮族）、特殊な軍事訓練を受けて並外れた身体能力を発揮する者（脱北者）といったステレオタイプで描かれるばかりで、韓国社会にとって「異物」であり「他者」でしかないことが逆に浮き彫りになる結果となった。実際、映画の外の現実においても彼らは差別や偏見に苦しみ、社会に適応できずに再び韓国を離れる場合も少なくない。『日本人のための韓国人と中国人』（金在国、三五館、98年刊）では、ソウル大学に留学中だった著者が、学校の休憩室に流れたテレビで朝鮮族の女性を蔑むような台詞を耳にして、悔しさに唇を嚙んだ経験が書かれている。

映画は脱北者・朝鮮族の偏ったイメージを生み出したと同時に、そこに描かれる彼らは多くの場合「男性」であった。卑劣な犯罪者や特殊な身体能力者となればそれも致し方ないかもしれない。だが、数は少ないものの、映画の中の朝鮮族・脱北「女性」の表象を辿ると、「韓国人男性監督」の眼差しによって「他者と女性」という二重にマイノリティ化された彼女たちの表象の困難さと、固定化したイメージを脱し多様な女性像を描こうとする試みが見え隠れしている。

朝鮮族女性と脱北女性の表象

朝鮮族女性を主人公にした最初の映画と言える『ダンサーの純情』（05／パク・ヨンフン）は、偽造パスポートで入国しプロのダンサーへの夢を叶えようとするチェリンと、彼女の成功を支える韓国人ダンサーとの恋愛を描くメロドラマだ。朝鮮族の描き方は確かにこれまでと大きく異なっていたものの、朝鮮族の女性が韓国人男性によって救われるという構図や、彼女の北朝鮮訛り（朝鮮族は決まって北朝鮮訛りというのも安易なステレオタイプだが）が徐々に標準的な韓国語に変わっていく様からは、「韓国人として標準化する」ことが正しいという、別のステレオタイプが透けて見える。チェリンは韓国人男性の視線によって「韓国人化した朝鮮族女性」とも捉えられるのだ。

実在の事件をベースに、朝鮮族の密航とその過程で発生した大量死によって船員たちも破滅に至る『海にかかる霧』（14／シム・ソンボ）は、「韓国人化」の図式からは距離を取りながら朝鮮族の女性・ホンメを描いている。主体的な行動はとらないが、自分に好意を抱く船員を利用するといったしたたかさ

『ダンサーの純情』

も持ち合わせるホンメだが、登場人物のほとんどが命を落とす物語において最後まで生き残り、ラストシーンで北朝鮮訛りのまま子どもを抱えて食堂の片隅に座る姿からは、「韓国人化」することなく韓国社会を生き抜こうとする彼女の姿勢が感じられる。そんな彼女を偶然見かけた元船員トンシクが見せる「驚きと戸惑い」の眼差しは、自らの力でホンメを「韓国人化」できなかった韓国人男性の戸惑いそのものであろう。ホンメは、朝鮮族女性の映画的イメージの新たな可能性を示唆したと言えるかもしれない。

一方、脱北女性はどうだろうか。脱北した恋人同士の恋の行方を描いた『約束』(06／アン・パンソク)で、ヒロインのヨナは先に脱北した恋人を追って北朝鮮を脱出するも、彼はすでに韓国人女性と結婚していた。南北分断や脱北という朝鮮半島の特殊な事情を背景に、一緒に脱北することができず、南北で離れ離れになり連絡を取ることさえできない恋人同士のすれ違いを描いた良質なメロドラマである。だが、本作では「脱北女性」という設定のみが重視され、ヨナの暮らしぶりや脱北をめぐる現実的な問題は描かれないままだった。脱北を経て韓国に暮らすヨナという女性が立体的に浮かび上がってこなかった点では、『ダンサーの純情』のチェリンに近いと言えるかもしれない。

その意味では、脱北して韓国で一人暮らしを始めるジナの奮闘を、ボクシングを通して描いた『ファイター、北からの挑戦者』(21／ユン・ジェホ)は、韓国に定着することの難しさや脱北によって離れ離れになってしまった家族の問題、セクハラや差別的な周囲の目など、脱北女性の現実を浮き彫りにして新たな局面をもたらしている。絶望的な状況の中にあっても逞しく生きていこうとするジナの姿は、これまで見えない存在だった脱北女性を可視化している。とりわけ、中国に身を隠す父や先に脱北して韓国で新たな家庭を築く母の存在を通して、「コリアン・ディアスポラ」から「家族のディアスポラ」という新たな問題に切り込んでいる点は、前作でも脱北を取り上げていた監督だからこそ持ち得た視点であろう。

『ファイター、北からの挑戦者』

ディアスポラの出自を持つ監督の試み ～チャン・リュル～

映画における朝鮮族・脱北女性のイメージはこうした変化を見せつつも、しかし最終的には韓国人男性の助けによって社会に居場所を見つけていくという点では、韓国側からの視線で描くことの「限界」を感じさせてしまう。

その意味で非常に重要な存在がチャン・リュル監督だ。中国・吉林省出身の朝鮮族三世であるチャン監督は、『重慶』『慶州』『福岡』『柳川』と国を越えて軽やかに移動しながら、舞台となる土地の名を冠した作品を発表するといった、ディアスポラの出自を持つ監督ならではの製作活動でも知られているが、朝鮮族や彼らが暮らす土地を描いた作品も多く、当事者にしか持ち得ない視線を作品の至る所に感じることができる。そんなチャン監督が、故郷から遠く離れた不毛の地に暮らす朝鮮族の女性を主人公にした作品が『キムチを売る女』（05）である。

『キムチを売る女』

キムチを売って生計を立てながら息子と二人で暮らすスニを通して、中国でマイノリティとして生きている朝鮮族の内面の揺らぎを淡々と追う本作は、「コリアン・ディアスポラ」のもっとも根源的な問いである「アイデンティティ」問題を追求している。朝鮮族男性に裏切られ、中国人警察官にレイプされた後、スニは息子に教えるためのハングルの本を破り捨て、キムチに猫いらずを入れて中国人警察官を毒殺しようとする。朝鮮族であることの象徴とも言える「ハングル」と「キムチ」を「捨てる」という行為は、中国社会における他者としての二重の抑圧（朝鮮族・女性）から自らを解放させようとするスニの主体的な宣言に他ならない。「朝鮮族女性とは何か」という自らの存在に関わる問題を、強烈な抵抗を通して描く本作は、他の追随を許さない独自性を示すものとなった。

ステレオタイプ化や韓国側の視線の介入などといった問題点を持ちつつも、映画で朝鮮族・脱北女性を描くことの意義は紛れもなく大きい。今後は、女性監督や朝鮮族・脱北者自身が作り手となる作品が、これらの限界をどう乗り越えていくかにも期待したい。

韓国クィア映画の女性表象

小論

児玉美月
Mizuki Kodama

LGBTの女性表象とクィア批評

　韓国において女性同士の性行為が描かれた最も初期の映画の一つは、すでにフィルムが現存しないハン・ヒョンモの『嫉妬』（60）とされる。[1]『少女たちの遺言』（99）は女子高生同士の恋愛を主軸にしつつ、閉鎖的な学校空間における苛烈な同性愛嫌悪がホラージャンル特有の恐怖や驚きを駆動する。一見すると異性愛の三角関係を土台にしたメロドラマ『永遠の片想い』（02）は、その実レズビアンの愛が秘密裡にあると評される。[2] たとえば二〇〇〇年前後のこの二作品のように、同性愛は差別的・嫌悪的表象でなければ、サブテクストにクィアネスの可能性を潜ませているに過ぎず、本格的にクィアの人々の生が表象されるようになるのは二〇一〇年代以降からであると思われる。

　韓国社会にとってレズビアンがいかに抑圧されてきた存在であるかは、名匠イ・チャンドンが製作総指揮を務めた『私の少女』（14）が静かに告発した。『私の少女』でペ・ドゥナは性的マイノリティであるために都市から辺鄙な港町へと左遷させられた警察官を演じ、虐待を受ける少女と共に脆弱な女性が生きる過酷な現状を描く。

「LGBT」とは、L（レズビアン）、G（ゲイ）、B（バイセクシュアル）、T（トランスジェンダー）の頭文字を並べ

『恋物語』

た性的マイノリティを意味する言葉だが、もともと「オカマ」や「変態」といった主に男性同性愛者に向けられていた侮蔑語を当事者が自らを呼称するために捉え返した「クィア（Queer）」は、「ＬＧＢＴ」のいずれにも当てはまらない属性も含む広義の性的マイノリティのアイデンティティであり、異性愛主義や性別二元論など既存のカテゴリや規範に積極的に抵抗していく政治的概念でもある。よって「クィア映画」とは単に「ＬＧＢＴ」の人物が登場するに限らず、既存の性の在り方を何らかの形で脱臼させ亀裂を入れる映画をも包括的に招き入れる。儒教的な同性愛嫌悪にも曝される韓国の「クィア映画」の領域は決して沃野とは形容し難いが、ここではそのなかでもさらに男性中心主義的な映画産業によって日陰に追いやられてきた女性たちの表象に光を当てていきたい。

　二〇一六年という年は、二つのレズビアン映画『お嬢さん』と『恋物語』が韓国で同時に劇場公開された年である。そのため両者はたびたび比較されたが、『恋物語』は映画的な審美性を追求した『お嬢さん』とはまったく趣向が異なり、レズビアンの自然で日常的な生活をそのまま切り取ろうとしている。女性同士の性描写にしても、『お嬢さん』では役者のそれぞれの身体が舞踏のようにやや過剰な所作を伴いながら動的な官能性を醸成していくのに対し、『恋物語』では身体の交わりよりも二人の息遣いや肌が擦り合う音が触覚的なテクスチュアを帯びていくのを観客に感応させる。当時の韓国で女性同性愛を描く映画が増え始めている理由を問われた『恋物語』の監督であるイ・ヒョンジュは、「以前から待ち望んでいた人たちがいたのだと思う」と答えた。[3] イ・ヒョンジュは二〇一五年に起こした性的暴行事件で有罪判決を受けてその後映画界を引退したため、『恋物語』が最後の作品となったが、少ないながらも彼女が韓国レズビアン映画に残した功績は看過できない。『お嬢さん』の監督であるパク・チャヌクはかつて復讐劇『親切なクムジャさん』（05）でも、女性同性愛者だと思われる人物や女性同士の性的接触を仄かに描いていたが、それはメインプロットには浮上しなかった。南北の兵士の交流を描く『ＪＳＡ』(00)も当初はクィア映画として構想していたものの実現に至らなかったが、パク・チャヌクのキャリアには早い段階からクィア表象の闘争があったと言えよう。

　女性の監督であっても同じ属性の女性ではなく、男性のマイノリティを『詩人の恋』(17)で描いたのがキム・ヤンヒである。済州島に住む詩人の中年男性が若い青年に心惹かれていくこの物語において、恋慕と庇護愛のあわいを揺れ動く彼らの関係はきわめて微妙なニュアンスを湛える。韓国ゲイ映画の代表的な騎手には、ゲイを公言しているイ・ソンヒイルとキム・チョ・グァンスがいる。それぞれイ・ソンヒイル作品にはシリアスなトーンで暴力や権力構造を炙り出す傾向があり、キム・チョ・グァンス作品は差別や偏見を前景化させるよりは多幸感溢れる印象が強いが、キム・ヤンヒはどちらの作家性とも異なる繊細な肌理の男性同性愛(的)表象を立ち上げている。『詩人の恋』では男性同士の親密な関係が詩人の妻を加えた不妊問題と併走し、リプロダクティブ・ヘルス／ライツに関する女性特有の視点も導入されている。なお、キム・チョ・グァンスは二〇一一年に同性パートナーとの「結婚」を宣言したのち、韓国映画におけるレズビアン表象に対する問題意識からゲイと共にレズビアンの表象にも挑戦した『二度の結婚式と一度の葬式』(12)で、偽装結婚の物語を通して同性愛者と婚姻制度を取り巻く主題を訴えかけた。◉4

『詩人の恋』

　同じく女性の監督キム・ボラによる国内外で高い評価を受けた『はちどり』(18)では、少女ウニの目を通して一九九四年の韓国が活写される。キム・ボラは性別問わず恋をするウニがバイセクシュアルであり、少女との関係はただの先輩と後輩ではなく恋愛関係なのだと明言している。◉5 非規範的なセクシュアリティは、なにもレズビアンやバイセクシュアルだけではない。他者に性的感情を抱かない「Ａセクシュアル」や他者に恋愛感情を抱かない「Aロマンティック」を描く映画は世界的にも未だ少ないが、男性の恋人との関係に違和感を覚える主人公が自身のアイデンティティを探求していく『S・O・S』（15）はその系譜上にあると言えるだろう。

　明示的にジェンダー／セクシュアルマイノリティが描かれていなくとも、「クィア映画」と呼ぶに足りえる近年の作品には『アワ・ボディ』（18）が挙げられる。競争社会に疲弊した三〇代のチャヨンに、作家志望の女性ヒョンジュとの出会いによって変化が訪れる。チャヨンのヒョンジュに向けられる同化願望には、深層心理的には性愛感情も入り混じっているようにも見え、彼女たちの関係は友人とも恋人とも規定しきれない。「マイ・ボディ＝私の身体」ではなく「アワ・ボディ＝私たちの身体」としたこの映画において、ヒョンジュと「一心同体」となったチャヨンが終奏で耽る自慰行為に、男性に依拠しないクィアな性的欲望を読み取ってもいいだろう。

トランスジェンダーの表象とクィア映画の展望

　ここまで名指してきた「女性」には、当然シスジェンダーだけでなく、トランスジェンダー女性も含まれる。『パパは女の人が好き』（09）は三十路手前まで男性として生きていた主人公の元に、かつて関係を持った女性との子供かもしれない存在が現れるコメディタッチの作品である。この映画において特筆すべきなのは、日本でも知名度の高い女性俳優のイ・ナヨンがトランス女性を演じており、子供のために「パパ」へと扮した姿が明らかに「男装」に「見える」視覚作用ではないか。それは翻ってトランス女性は女性であるというメッセージを発しており、男性として活動する俳優がトランス女性を演じる作品では、この「違和感」を描きえないだろう。しかし原題の直訳であるタイトルにも表徴されるように、『パパは女の人が好き』の伏流には強固な異性愛主義があることも否めない。同じくトランス女性を描く『花咲く季節が来るまで』（18）はそれを覆すかのように、カフェを営むトランス女性ヘスと、彼女に惹かれていきながらレズビアンとしてアイデンティティを自覚していく高校生イェジンの同性愛に光を照らす。ヘスは女性として活動する俳優のイ・ヨンジンが演じているが、トランス女性を女性俳優が演じている作品には、ほかに『ソウォル路の夜』（14）などもある。

　二〇二一年には兵役中に性別適合手術を受けたトランスジェンダー女性のピョン・ヒスの自死が報道された。兵役とトランスジェンダーの問題は、『神の娘のダンス』（20）でも描かれる。兵役に関連して韓国社会における根強いマチズモとトランスジェンダーの主題を絡めた『ハイヒールの男』（14）は、屈強な刑事ジウクが女性へと性別移行するために性別適合手術を受けようとする物語が描かれる。序盤からジウクの隆起した筋肉など男性的とされる身体の部位をクロースアップでカメラが這い、映画を通して韓国社会においていかに「男らしさ」から降りがたいか、その桎梏を提示していく。しかしながらこれらの作品のトランス女性はいずれも、トランスジェンダーだと公言している当事者の役者によって演じられているわけではない。そんななか、演劇でトランス女性役に挑戦することになったシス男性の役者を主人公にした『扮装』（16未）は、マジョリティがマイノリティを演じる問題についての痛烈な批評性を放っている。

この二〇二二年には、娘が母を日本に住むかつての恋人と引き合わせようと旅に出る『ユンヒへ』（19）が、日本と韓国を架橋するクィア映画として日本で劇場公開された。『ユンヒへ』が韓国クィア映画史にとって重要なのは可視化されてこなかった中年のレズビアンが描かれただけに尽きず、性的マイノリティのありえたかもしれない過去と社会が目指すべき未来をも同時に描出しえているからではないか。監督のイム・デヒョンは自ら『ユンヒへ』を「クィア映画」と名指し、その理由を彼は「観客にはこの作品がどのような映画か分からない人もいるかもしれないので、あえてこの言葉を使います」と話す。[6]

韓国で初めて「クィア映画」としてメディアが紹介した『明日に流れる川』（95）から徐々に活況を呈してきた、まだ短い韓国のクィア映画史においては、これらの映画群に「クィア映画」の旗印を立てながら、多くの言説を積み重ねつつ、まだ見ぬ可能性を切り拓いていかなければならない。

注

◉1 Kelley Dong, Notebook Primer: Queer Korean Cinema . https://mubi.com/notebook/posts/notebook-primer-queer-korean-cinema

◉2 Kim, Jeong-Min(2005). The Queer Cultural Movements and the Formation of Counterpublics in the late 1990s South Korea : A Cast Study on Seoul Queer Films and Videos Festival. Yonsei University

◉3 https://www.youtube.com/watch?v=7vU4x2-zBys

◉4 JaeWook, Ryu(2021). The Politics of Korean Queer Cinema: Investigating Korean Queer Films in Politics, Economy and Queer. Lancaster University

◉5 「小さくて大きな『はちどり』の奇跡」『ユリイカ』第五二巻第六号、二〇二〇年、青土社、四六頁

◉6 https://www.youtube.com/watch?v=YDGyQIjSfPw&list=RDCMUCmjNKt6kITwaZTqvWuaSPLg&index=3

お婆さんたちはどうやって生きてきたのか

韓国映画における高齢女性像

小論

ファン・ギュンミン

高齢女性映画の黎明期 ~二〇〇〇年代~

高齢社会の韓国において高齢女性はどこにでもいるものの、不思議なことに彼女たちの映画を思い浮かべるのはなかなか難しい。というのも、高齢女性は誰かの母、誰かのお婆さん、誰かの妻としてしか存在せず、まともな名前を持った個人として、言い換えれば一本の映画の主人公として登場することはほとんどなかったのだ。しかしここ数年、韓国映画に起きている女性映画の新しい波の中で、彼女たちはいつの間にか姿を現している。この「いつの間にか」というのは、果たしていつからだろうか。本稿は、その些末な問いに対する答えを探求するため、韓国映画における高齢女性の表象を追跡する。

　二〇〇〇年代頃から再び全盛期を迎えた韓国映画は、多様なジャンル、素材、テーマを扱うようになった。だが、高齢者、特に高齢女性が物語の中心を占める映画は、ほぼ見られなかった。二〇〇〇年から二〇〇九年まで八七四本の韓国映画が公開されたが、高齢女性の映画は一〇本にも及ば

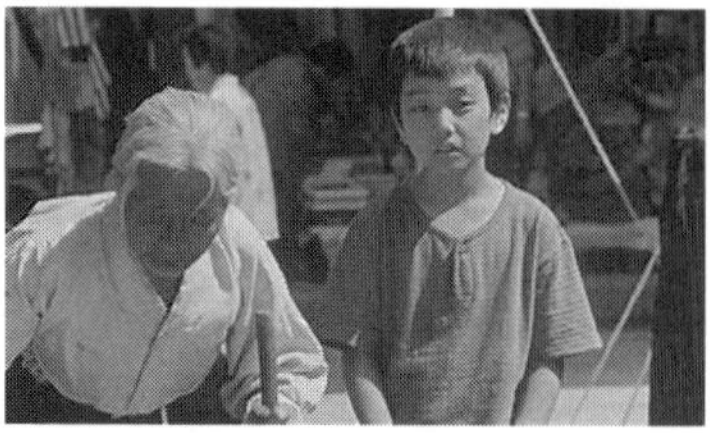

『おばあちゃんの家』

『麻婆島』韓国版ポスター

ない。その中で、私の頭に深く刻み込まれているのは、『おばあちゃんの家』(02)である。女性監督の数が一桁にも満たなかった九〇年代末、『美術館の隣の動物園』(98)で長編デビューを果たしたイ・ジョンヒャン監督は、この映画でお婆さんと孫の日常を単純かつ緩いテンポで捉える。見せ場がほとんどない本作が、四一九万人もの観客を動員したのは、孫に対するお婆さんの果てしない愛情に多くの人が胸を打たれたからであろう。年月が刻み込まれたシワだらけの顔、曲がった背中、かんざしで束ねられた真っ白な髪など、演技経験の全くない七六歳のキム・ウルブン演じるお婆さんのイメージは、あまりにも典型的であり、耳は聞こえるが口が利けない設定は、我慢を重ねて献身的に尽くす受動的な高齢女性を理想化している。だが、通常は付随的な役割しか与えられなかった高齢女性を物語の中心に配置し、紋切型の人物造形を最大限に活かしたこの作品に、むしろ斬新さを感じる観客が今でも少なくない。ちなみに、本編の最後には「すべての外祖母(母方の祖母)にこの映画を捧げます」という字幕が挿入される。この文章から、父方の家系がより重視される韓国の家族制度の中で、部外者扱いされてきた母方の祖母をあえて浮き彫りにする監督の狙いが伺える。

一方、二〇〇五年に韓国で公開した『麻婆島《マパド》』(未)では、物語にユーモアを添え、機能的な役割を果たす気の強いお婆さんたちがメインキャラクターとして登場する。盗まれた当たりの宝くじを探して麻婆島に潜入する男二人と、猟奇的なお婆さんたちの騒動を描く『麻婆島』は、当時人気を博していたヤクザ・コメディの要素を導入している。しかし、肝心の宝くじ探しは補足的なものとなり、上映時間のほとんどが、物語とは関係ないお婆さんたちの雑談や畑仕事などの描写で占められている。比較的若い中年女性を除いた四人のお婆さんは、一様に頑丈な体を持ち、険しい顔をしている。その見た目通り、お婆さんたちはカッとしやすい性格であり、威勢のいい声で終始おしゃべりをする。悪口も平気で言うのだ。しかも、見知らぬ男たちを恐れるどころか、二〇年間もご無沙汰の男見物のため、彼らの体に遠慮なく手を出す。老女たちを甘く見ていた男たちは、彼女たちの勢いに身を縮めてしまう。決して緻密に構成された物語ではなく、ヤクザ映画に定番のアクション・シーンも物足りない感がある。にもかかわらず、『麻婆島』は三〇九万人の観客を動員し、すぐに続編制作が決定した。成功の理由は、韓国特有の高齢女性像、いわば「ヨクジェンイハルモニ」(いじわる婆さん)を主人公にした奇抜な発想が挙げられる。「ヤクザより怖い!」「言葉より拳」といった当時の宣伝文句が示すように、若い男たちを圧倒するお婆さんたちの気勢は見る者に快感を与える。

その後、一見老女とはかけ離れているように思えるコメディやアクション性の強いジャンル映画において、元気いっぱいで快活な高齢女性の表象が定着した。前作の成功を受け、お婆さんたちの意地悪さを一段とアップグレードさせた『麻婆島《マパド》2』(07未)、クッパ屋を経営する凛とした女社長が三人組の誘拐犯たちを弄ぶ『大誘拐～クォン・スンブン女史拉致事件～』(07)、詐欺事件に巻き込まれてしまった女性四人組が力を合わせて犯人を追っていく『ガールスカウト』(08)などがその潮流に属している。

高齢女性像の変化 ～二〇一〇年以降～

二〇一〇年前後には、高齢女性像に多少の変化が見出される。母性神話の巧みをこらし、老母の狂気じみた愛情を描く『母なる証明』(09)、息子だけを偏愛した老母が闘病生活を契機に娘との絆を深めていく『グッバイ・マザー』(09)、初期の認知症を患う六七歳のヒロインが、言葉を失っていく不安と、孫が犯した性暴力とその被害者に対する複雑な感情を抱きながら一編の詩を書き上げていく『ポエトリー　アグネスの詩』(10)などは、高齢女性をめぐる人間関係をより精緻に描いている。また、六〇代という年齢に設定されているヒロインたちは、それぞれ漢方薬屋、獣医、介護士として働いており、子供や孫を養う経済力の持ち主であるが、そこには高齢になっても労働しなくてはいけない現状が反映されている。

二〇一五年からはフェミニズム運動が再燃したが、これと前後して高齢女性象は複合的な様相を帯びている。『怪しい彼女』(14)、『ヘルモニ～地獄からのおばあさん～』(15未)、『全く同じである彼女』（19未）、『オ、ムニ！』（20未）など、相変わらず気の強い高齢女性が主人公のコメディが観客から支持されていたものの、多様な立場に置かれた高齢女性を欲望や本能を持つ個人として見つめ、彼女たちが抱いている現実的な悩みを捉えた映画が制作された。例えば『蜜の味 テイスト オブ マネー』（12）では、一家の実権を握って男たちを牛耳りながら、夫の浮気相手の死を偽装し、性欲のおもむくまま若い秘書にセックスを強要する、無情で貪欲なペク・クモクが登場する。『バッカス・レディ』（16）では、かつて米軍相手の売春婦で、六〇代になった今でも老人男性に体を売るソヨンが主人公である。いずれもユン・ヨジョン演じるこの女性たちは、セックスする老女という韓国映画のタブーを破るキャラクターだった。その独歩的な高齢女性像は、浮気相手とのセックスで生まれて初めてオルガズムを感じたと息子の夫婦に明かす『浮気な家族』（03）の老母から始まり、財閥系の裕福な家で起こる淫靡な欲望の連鎖を嘲笑しながら、要領よく生き残る『ハウスメイド』（10）の古参メイドを経由し、『ミナリ』（21）の「お婆さんらしくないお婆さん」までに進化した。

『バッカス・レディ』

慰安婦問題と性暴力を描く

フェミニズムの波は歴史の彼方に追いやられていた存在にまで押し寄せた。旧日本軍慰安婦、かつて少女だった彼女たちは今やお婆さんになったが、『ソリグッセ』（14未）、『鬼郷』（16）、『雪道』（17）、『アイ・キャン・スピーク』（17）、『ハー・ストーリー』（18未）など、一連の映画が彼女たちをスクリーンに呼び戻した。前者三作品が、慰安婦たちがいかに辛い時間を過ごしたかという過去の再現に焦点を当てているとすれば、後者の二つは慰安婦だったお婆さんたちの現在に注目している。

一九九一年、キム・ハクスンお婆さんが初めて公の場で慰安婦被害を証言した後、ビョン・ヨンジュ監督は慰安婦お婆さんたちの日常と闘争を描く三本のドキュメンタリーを制作し

※未公開作品が多いため、タイトルの後ろの年数は韓国での公開年を記した。

た。いわゆる「ナヌムの家三部作」と呼ばれる映画だが、一作目『ナヌムの家』(95)は慰安婦の問題と真摯に向き合った韓国映画として初めて劇場公開となった。それ以前の慰安婦映画といえば、韓国映画史上初めて慰安婦が登場する、一九六五年に製作された『サルビン江で夕焼けになる』(未/チョン・チャンファ監督)以外、性的描写を盛り込んだ劇映画三本のみだが、どちらも慰安婦は若い女性である。その意味で、元慰安婦だった女性たちが隠された真実を明かすため、どのように闘争しているのかを捉える『ナヌムの家』は、慰安婦問題を大衆に認識させた点にその意義がある。より重要なのは、『ナヌムの家』におけるお婆さんたちが単に辛い思いに苦しむ被害者として描かれていないことである。お酒を飲んで歌って笑い、時には些細なことで喧嘩しながら、デモに参加する彼女たちが、我々と同じ人間だという当たり前のことを映画は見せている。このお婆さんたちは、慰安婦としての経験を証言する公聴会を韓国映画史上初めて再現した『アイ・キャン・スピーク』と、三人の慰安婦被害者と七人の勤労挺身隊被害者による関釜裁判を取り扱った『ハー・ストーリー』において、沈黙してきた過去の記憶《ハー・ストーリー》を堂々と発言《スピーク》する逞しい存在として現れている。

高齢女性への性暴力を初めて取り上げた『69歳』(20)も注目に値する。女性監督のイム・ソンエは、二九歳の男性看護師に性的暴行を受ける六九歳のヒョジョンの置かれた、年齢とジェンダー差別という二重の抑圧を見つめていく。ヒョジョンをレイプした看護師は、長年水泳で鍛えられた彼女に、「足が綺麗」「後ろから見るとお年寄りとは思えない」と言う。また、事件を担当している警察は、身なりに気をつけるヒョジョンに「ファッションセンスがいい」と褒める。いずれも老いた女性に対する固定観念を暴き出す発言だ。監督はヒョジョンをめぐった状況を冷静に追っていくが、そこには性暴力の露骨な再現や被害者への感情移入が排除され、周りからの白い目に晒されながらも自分らしく生きるために行動する主体的な存在が際立っている。

『69歳』

私たちの目の前に、今まさに現れたこうしたお婆さんたちは、遠くない将来の我々であり、いずれ私たちも老いをめぐった問題に直面するだろう。彼女たちの声に耳を傾ける理由はこれだけで十分ではないか。激しく押し寄せる女性映画の波が、より多くのお婆さんたちをスクリーンに召喚することを期待する。

Ⅲ　韓国女性映画作家名鑑

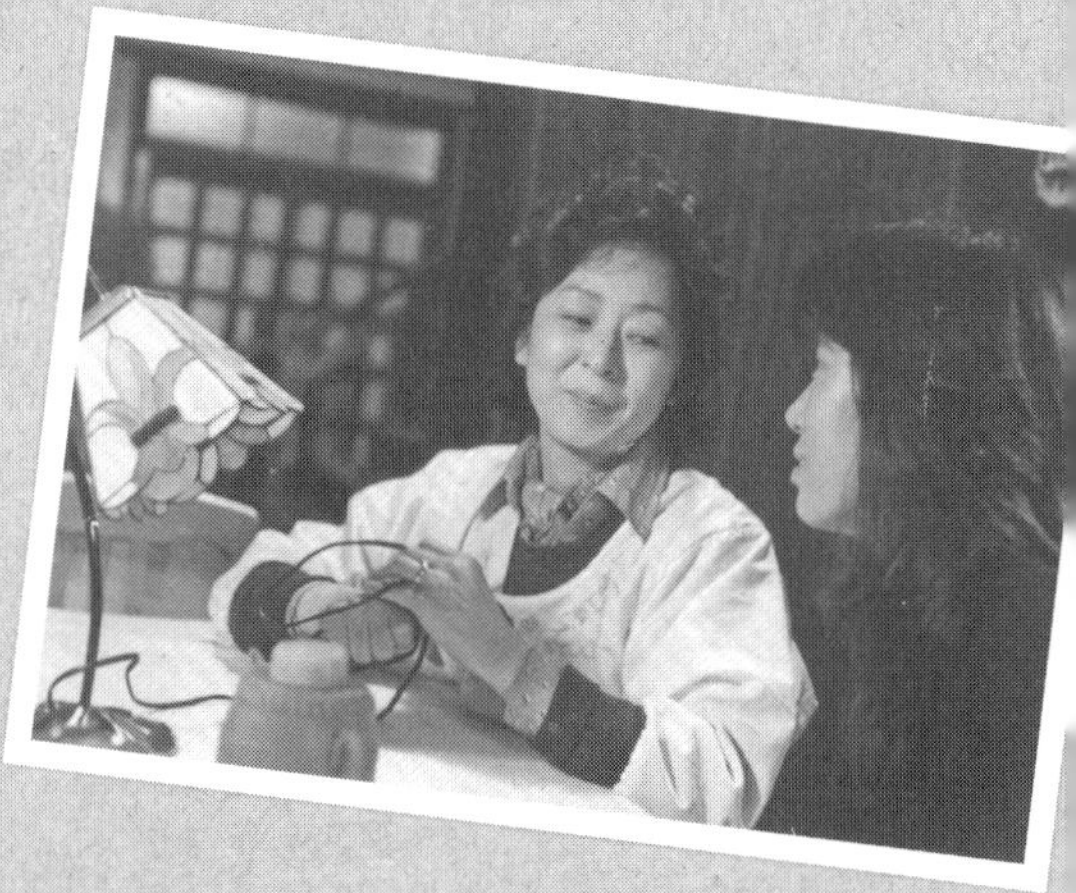

岡本敦史
Atsushi Okamoto

韓国映画史における女性映画

黎明期から九〇年代まで

『未亡人』

一九一〇年の韓国併合で、朝鮮半島が日本の植民地となってから、映画産業も含む様々な文化が流入した。朝鮮映画はその黎明期から、やはり日本から輸入された新派劇の影響を受け、当時から大衆の圧倒的人気を博したメロドラマを基礎として発展していった……というのが通説である。

そうして始まった韓国映画史のなかで、一九四五年の光複(日本の植民地支配からの解放)、さらに一九五〇年から三年間続いた朝鮮戦争を経て、女性監督の登場は一九五五年まで待たねばならない。韓国映画史のなかで初めて登場した「女性作家による女性映画」は、パク・ナモク監督の『未亡人』(55)であった。

ちなみに、一九九六年にイム・スルレが『三人の友達』でデビューするまで、韓国で商業用劇映画を監督した女性はわずか五人のみ。イム・スルレや、同じころにドキュメンタリー作品『ナヌムの家』(95)で注目を集めたピョン・ヨンジュのあとに続くように、九〇年代以降は続々と女性監督たちがデビューすることになる。いかに彼女たちのもたらしたインパクトが大きかったか、ということだろう。

イ・ミンジャ『未亡人』

母性と貞操〜『未亡人』と『離れの客とお母さん』

韓国初の女性監督といわれるパク・ナモクは、一九二三年に慶尚北道ハヤンで生まれた。幼いころから映画に熱中し、また美術や文学やスポーツにも類い稀なる才能を示した万能少女だったという。光復後、彼女は憧れの撮影所でスクリプターや編集助手として働き始め、朝鮮戦争勃発後は記録映画のスタッフにも参加した。そして休戦協定と前後して、結婚・出産。ほぼ同時期に、実姉に借りたお金を元手に独立プロダクション「姉妹映画社」を設立し、念願の監督デビュー作『未亡人』の製作に着手する。

主人公は、朝鮮戦争で夫を失い、女手ひとつで幼い娘を育てるシンジャ（イ・ミンジャ）。彼女は亡夫の友人である社長の援助で生計を立てているが、妻帯者である彼の求愛には応じない。シンジャは娘と遊びに来た海水浴場で、偶然に社長の妻とその愛人テク（イ・テッキュン）と出会い、彼と惹かれ合う。シンジャは娘を近所の親切な中年男性に預け、テクとの同居生活を始めるが、戦争で生き別れになった元恋人と再会したテクは姿をくらます。はたしてシンジャの愛の行方は……という物語だ。

パク・ナモクが描いたのは、己の欲求に嘘をつかない戦後女性の生き方だった。幼い娘の世話を他人に任せ、自分は若い男との新生活を嬉々として始める主人公の姿は、儒教社会の旧弊なモラルの中では非難の的になるのは明らかだ。「私は悪い母親です」というセリフもあり、その葛藤や罪悪感も描かれるが、それでも彼女は自分自身の幸福を追求する道を選ぶ。そんな主人公を、監督はただ寄り添うように、共感はできないかもしれないが理解はできる人物として映し出す。現存するフィルムが欠落しているため映画の結末を見ることはできないが、シンジャは再び現れたテクに刃を向けるというラストシーンなのだそうだ。

まずは母性から己を解き放つという大胆なやり方で、戦後女性の自由な生き方を示唆したパク・ナモク監督。自身は撮影中、時には幼子を背負いながら演出していたそうだが（その現場スチルも現存

『離れの客とお母さん』
韓国版ブルーレイ

している）、作中で描いたのは先駆的な女性像だった。結局は男性に依存する主人公に目新しさはないが、そのだらしなさも仮借なく描くところに辛辣な視線も透けて見える。興行的には失敗し、結果として最初で最後の監督作となったのは、やはり当時の女性観客には受け入れがたい生きざまだったからではないか。

これと非常に近似しながらも正反対のドラマを描いているのが、男性であるシン・サンオク監督の『離れの客とお母さん』（61）である。国内の映画賞を総なめにした大ヒット作であり、現在も不朽の名作と謳われている。

舞台はとある田舎の村。六歳の少女オッキは、夫を亡くしたお母さん（チェ・ウニ）、やはり夫に先立たれて久しい父方のおばあさん、同じくやもめの家政婦さん（ト・グンボン）と一緒に暮らしている。近所では〈寡婦の家〉と呼ばれているが、そこに亡父の友人である画家のおじさん（キム・ジンギュ）が都会からやってきて、しばらく離れを借りることに。オッキは親切なおじさんになつくが、おじさんとお母さんも互いが気になる様子で……。

シングルマザーの未亡人と画家の男はプラトニックな関係を貫くが、その仲はやがて村の噂となる。未亡人は娘との生活を第一に考え、また義母への忠義ものしかかり、互いに惹かれ合いながらも画家の求愛を断る。一方、卵売りの男（こちらも男やもめ）とデキてしまった家政婦は、妊娠して家を出ることに。身分は低くても、世間的なしがらみの薄い彼女たちの幸福な姿に、未亡人が向ける羨望のまなざしが痛々しい。

この作品がヒットしたのは、恋愛よりも家庭を優先する母親の姿、つまり旧来の価値観に従う女性の痛切な決断に多くの観客が共感し、悲劇としてのカタルシスに満たされたからだろう。劇中で儒教社会の抑圧を体現するのは、世間体を気にする祖母である。嫁の再婚を許さず、村の噂が消えたあとも、画家を出ていかせようとする。が、最終的にはヒロインの兄に説得されて「操を守り続けるなんて考え方は確かにもう古い」と心を改める。このあたりは六〇年代らしい進歩的描写だが、それでもヒロインは愛する画家を追いかけようとしない。

シン・サンオクは、当時の韓国女性の大多数が「旧来の価値観に縛られながら、その中で懸命に

ホン・ウノン監督

生きている」存在であり、そんな人物にこそ共感を抱くことを知っていた。それこそが彼のヒットメイカーたる由縁であり、パク・ナモクが自作で妥協できなかった部分でもあるのだろう。

実話へのアプローチ〜『女判事』

韓国映画界に颯爽と登場した二人目の女性監督は、一九二三年生まれのホン・ウノン。シン・スウォン監督の『オマージュ』(21)でも取り上げられた人物だ。名門出身で音楽団の歌手としても活動した彼女は、チェ・インギュ監督に「女優にならないか」と誘われたが断り、裏方の道を選ぶ。スクリプター、助監督、脚本家と順調にステップアップし、撮影所の同僚たちからも愛された彼女は、一九六二年の『女判事』で満を持して監督デビューを果たす。

物語は一九六一年に起きた実際の事件をもとにしている。韓国初の女性判事ファン・ユンソクが不審な死を遂げ、義父母と仲が悪かったこともあり、新聞で「自殺か？　他殺か？」と大きく報じられたのだ。映画『女判事』のシナリオはこれに大きな脚色を施し、初の女性判事となった主人公ジンスク（ムン・ジョンスク）の物語を、ミステリー調のメロドラマとして描いている。

判事になることを目指すジンスクは寺院にこもって猛勉強し、司法試験に見事合格。その姿に見惚れた建設会社社長のチェ氏（キム・スンホ）は、彼女を嫁に迎え入れたいと周囲に宣言。晴れて判事に任命されたジンスクは、親の勧めもあってチェ氏の長男ギュシク（キム・ソクフン）と結婚する。だが、妻との社会的格差からギュシクはいじけ、酒と浮気に走る。さらに、姑や小姑にも煙たがられ、ジンスクは日々の激務に加えて家庭の仕事も立派にこなそうと努力する。そんなとき、痴呆気味の義理の祖母が突然死し、毒殺の疑いが浮上する……。

『女判事』というタイトルから、地道な努力の末に判事という要職に就いた女性のサクセスストーリーかと思えば、さにあらず。作中で重きが置かれているのは、新聞ダネをもと

『ミンミョヌリ 許嫁』演出中の
チェ・ウニ

にした殺人ミステリーと、その周囲を取り巻く複雑怪奇な人間関係のドラマであり、社会派作品だと思って観ると肩透かしを食うだろう。しかし、社会的地位の高い女性の数が圧倒的に少なかった時代性を物語る内容であり、いかにして韓国社会において女性が仕事と家庭を両立させるかという「妥協と奮闘」のドラマとして観ると、なかなか辛辣な内容である。

ホン・ウノン監督自身、主人公の妥協的な言動にすべて納得して撮っていたかどうか定かではないが、その演出はデビュー作にして職人的で、登場人物の多いプロットを巧みにさばいてドラマを盛り上げている。クライマックスは、判事の職を自ら辞して義母の弁護人となった主人公が、義母の抱える「ある秘密」を解き明かすことで、容疑を晴らすという展開になる。戦後女性の悲運に共感したヒロインが、同じ女性として義母と連帯するという解釈もできれば、結局は嫁入りした家を守るために尽力する古風な女性の物語として決着するようにも見える。現代の観点でリメイクすれば、まったく違ったストーリー展開になるかもしれない。

優れた演出力を示したホン・ウノン監督だが、このあとに手がけたのは『独り身の母』(64未)『誤解が残したもの』(66未)の二作品のみ。やがて脚本家としての仕事がメインとなり、七〇年代には映画界を引退、一九九九年に世を去った。シン・スウォン監督の『オマージュ』は、ホン・ウノン監督が『女判事』では果たせなかった「独立独歩の現代女性を格好良く描くこと」を、彼女自身の伝記として実現したレクイエム的作品ともいえる。

なお、六〇年代にはもう一人、女性監督がデビューしている。シン・サンオク監督の公私にわたるパートナーであり、『離れの客とお母さん』にも主演した大スター女優チェ・ウニである。監督・主演を兼ねたデビュー作『ミンミョヌリ　許嫁』(65)は、シン監督と彼女の映画会社シンフィルムの財政を立て直すための話題作りとして制作されたとも言われているが、その後もチェ・ウニは三本の監督作を発表(うち一本は、拉致された北朝鮮で撮った作品である)。

七〇年代には『初体験』(70未)のファン・ヘミが、八〇年代には『泥沼から救い出した我が娘』(84未)のイ・ミレが、それぞれの年代で唯一の女性監督として活躍した。ヌーヴェル・ヴァーグの影響を受けたファン・ヘミは、外国帰りの新感覚の持ち主と評されたが、監督作は三本のみ。イ・

ミレは八〇年代に流行したティーン映画の担い手として六本の長編を手がけているが、活動期間は七年ほどだ。二〇年間にたった二人しか女性監督が誕生しなかった忠武路《チュンムロ》（韓国映画界をさす代名詞）は、まさに「男の世界」だったといえるだろう。とはいえ「優れた女性映画」が皆無だったわけではない。

観察者キム・ギヨン～『下女』『ヌミ』

ここからは、韓国の男性監督たちが手がけた女性映画の変遷について語っていこう。まずは、シン・サンオクと並ぶ韓国映画黄金期のヒットメイカーであり、晩年まで孤高の作家性を貫いた鬼才キム・ギヨン。彼の代表作『下女』（60）も、『女判事』と同じく当時の新聞記事を元にしている。大衆に最もアピールするサスペンスとメロドラマの要素を組み込みつつ、そこに作家独自の視点を加えて他の追随を許さないストーリーを構築した。『下女』とそのセルフリメイク『火女』（71）『火女'82』（82）に見るフェミニズム的要素については、本書収録の座談会を参考にしてほしい。そこでも語ったことだが、キム・ギヨンが女性を積極的に描こうとした映画作家であることに疑いの余地はない（何しろタイトルに「女」と入った作品が一〇本もある）。とはいえ、およそフェミニズムとは程遠い演出も平気で行う、厄介な監督でもある。

人間を動物の一種として捉え、その生態を観察するように登場人物の行動を追うキム・ギヨンの作風は、世界的にも類例がない。男女の関係はまるで動物のオスとメスのごとく描かれ、どんなラブストーリーもキム・ギヨンの手にかかれば生物的パワーバランスの物語となる。また、セックスは基本的に生物としての生殖本能に基づいて行われるもので、女性にとっては種の保存が最重要事項であり、男性の性的不能、生命力の枯渇は生物としての死を招く……。一歩間違えれば女性蔑視につながりそうな考え方だが、同時に「女は男よりも絶対的に強い」という哲学が貫かれているからか、傷ついた悲劇のヒロインも最終的には生命力を勝ち取る物語が多い。

その観察者的視点、生物学的男女観が凝縮されている作品が『ヌミ』（79未）である。主人公の青

『ヌミ』

年ジュンテ（ハ・ミョンジュン）は一流大学を卒業したばかりの新社会人で、節約のため安アパートに引っ越してくる。隣にはレンガ工場があり、ジュンテは口のきけない工場主の妻ヌミ（チャン・ミヒ）に惹かれていく。毎日子育てに追われながら汗水たらして働く彼女が不幸であると思い込んだジュンテは、自らも工場のバイトに志願。ある日、工場主が事故で死に、ジュンテはヌミと彼女の子を迎えて新生活を始める。ところが若いジュンテに家族三人を支える経済力はなく、ヌミはまたしても生活苦を抱えることに……という物語。ラストは生物としての男の敗北＝ジュンテの事故死、そしてヌミの旅立ちで幕を閉じる、なかなか強烈な作品だ。

　キム・ギヨンは『ヌミ』で、韓国の観客が昔から好んできた「薄幸な女性の悲劇的メロドラマ」のパターンを徹底的に皮肉っているとも言える。七〇年代には『ヨンジャの全盛時代』（75）に始まる「ホステスもの」が流行したが、これもまた似たような作劇のパターンが基礎にあった。『ヌミ』の男女観はそのどれにも当てはまらない。時代の風潮に合わせ、青春映画やエロ映画といった流行のジャンルにも取り組んだキム・ギヨンだが、そこには常にカウンター的視点が潜んでおり、そういう意味でも業界では孤高の存在だったと言えよう。

自立と献身〜『トスニ 幸福の誕生』

　ここで時代を六〇年代に戻し、パク・サンホ監督の『トスニ 幸福の誕生』（63）を取り上げたい。主演は『離れの客とお母さん』で食いしん坊の家政婦をコミカルに演じたト・グンボン。全身から溢れる愛らしさとバイタリティで人気を博した個性派女優だ。この作品は予想外の大ヒットを記録し、六〇年代の韓国映画黄金期を代表するタイトルのひとつとなった。

　主人公トスニはバス会社社長の娘で、自立心と経済観念がずば抜けて発達した女性。父親と半ばケンカ別れのように家を飛び出した彼女は、さっそくネズミ捕りの籠や手作り餅の商売を始め、や

『トスニ 幸福の誕生』

がて町の市場でトスニを知らぬ者はいなくなる。同時に、父を頼って上京してきた頼りない青年ジェグ（イ・デョプ）を叱咤激励し、パートナーとして一旗揚げようと頑張るのだが……。

家父長制に真っ向から反発し、親の反対も世間の噂も振り切って、女一人で自立した生活を目指すヒロイン・トスニのたくましい姿は、まさに戦後女性の新しい肖像だ。明るく楽観的で、何事にもめげず、立ちはだかる苦難も持ち前のバイタリティで乗り越える。お人好しのジェグを騙して大金を巻き上げたタイヤの売人を、トスニが見事に騙し返してチャラにするくだりは痛快そのものだ。このキャラクターを演じたのが、現実味のない美人女優ではなく、庶民的な佇まいで老若男女に親しみを覚えさせるト・グンボンであったことが成功のひとつの要因だろう。

同時に、ひたすら根気強く朝から晩まで働きながら、一方でいじけた男の尻を叩いて立ち直らせようとする献身的な女性像は、きわめて韓国的ともいえる。『怪しい彼女』（14）でナ・ムニが演じたおばあちゃんの若き日の姿を見るようでもあるし、男に尽くす女性像は七〇年代に流行した「ホステスもの」にも悲劇的なかたちで受け継がれるエッセンスである。

同じ七〇年代でも、ハ・ギルチョン監督の『馬鹿たちの行進』（75）に代表される一連の青春コメディの溌剌としたヒロイン像のほうが、より近いものを受け継いでるかもしれない。軍事政権下で未来への希望も生きる活力もなくした男の子たちを、彼女たちは時に翻弄し、時に喝を入れ、時に母性愛で包み込む。『馬鹿たちの行進』のイ・ヨンオク演じるヒロインが、将来性のある婚約者よりも兵役に向かう冴えない主人公を選ぶラストシーンで、当時の全男子に与えた希望の大きさは計り知れない。

「女優映画」の名匠、イ・マニ～『帰路』

ここまで挙げてきたいずれのパターンとも異なる女性像を描いた作家が、イ・マニである。当時の売れっ子職人監督らしく多彩なジャンルの作品を撮りまくった人だが、そのなかで独自の作家性を打ち出したのは、六〇年代韓国の都市部に生きる人々のアンニュイな感情を描いた作品群だっ

『帰路』

た。復興後の繁栄と、人々の内面に残る戦争の傷跡が、折り合いのつかないまま放置されている——そんな感情を「女性映画」として表現した作品もいくつかあり、『帰路』(67)はその代表作といえよう。

ムン・ジョンスクが演じる主人公チョンは、朝鮮戦争で負傷した小説家ドンウ(キム・ジンギュ)の妻である。下半身麻痺のために性的不能になった夫は恥辱感にとらわれ、その夫婦生活を自虐的な私小説として連載している。チョンにとって、その原稿をソウルの新聞社に届けに行く道行きが、窮屈な日常を忘れられる貴重な時間だった。あるとき、彼女は新聞社で若い記者と知り合い、偶然も手伝って徐々に距離が近づいていく。そのことを知ったドンウは、小説の内容を書き換え、チョンを「解放」しようと画策するのだが……。

いつ不倫に転ぶかわからないスリリングな三角関係のドラマを、イ・マニはあくまで女性を主体として描く。『女判事』のタイトルロールも演じた主演のムン・ジョンスクは、都会的な大人の女性を演じられる貴重な映画スターの一人だった。イ・マニ監督とは長らく恋愛関係にあり、二人が組んだ作品はなんと二四本にのぼる。『帰路』も彼女の魅力を活かす企画として作られたのかもしれない。フィルムが現存せず、幻の名作といわれる『晩秋』(66未)もそのひとつだろう。ムン・ジョンスクは特別外出を許された模範囚を演じ、故郷に向かう列車の中で出会った若い男(シン・ソンイル)との束の間の交情が綴られる。のちに日本の斎藤耕一監督が『約束』(72)として、またキム・ギヨン監督が『肉体の約束』(75)としてリメイクしたことでも有名な作品だ。

戦争後遺症としての男性機能不全という『帰路』のモチーフは、もちろん現実にもあった症例だと思うが、伝統的な男性中心主義が戦後社会で崩壊していく暗喩とも捉えられる(それを女性映画のなかで描くイ・マニの大胆さにも恐れ入る)。また、ソウル行きの電車に揺られるヒロインが噛みしめる「独りの時間」——こういう感覚を、揺れるつり革、リズミカルな走行音といったビジュアルとサウンドで表現するモダンな演出は、この時代の韓国映画であまりお目にかかったことがない。

晩年のイ・マニ監督に最後のインスピレーションを与えたのは、若手女優のムン・スクだった。彼女の主演デビュー作『太陽に似た少女』(74未)では、自殺願望に取り憑かれた中年男(シン・ソ

『桑の葉』

ンイル）に生きる希望を与える天真爛漫な少女をのびのびと快演。六〇年代のアンニュイムードはどこへ行ったのかと思うほど、イ・マニの演出自体も彼女に元気づけられている。さながら戦後韓国社会のダークサイドを見つめてきた監督が、そのトラウマから解き放たれた「戦争を知らない世代」のヒロインにすべての希望を託すような、感動的な作品だ。

その後、イ・マニは六二年の自作をリメイクしたヒッチコック調スリラー『三角の陥穽』（74未）、初老の男と若い男女が厳寒の大地をさまようロードムービー『森浦への道』（75）をムン・スク主演で撮り、四五歳の若さで世を去った。

3S政策のなかで女性映画は生まれたか～『桑の葉』『チケット』

八〇年代の全斗煥《チョン・ドファン》政権では、国民の政治への不満を娯楽（映画・スポーツ・セックス）で解消しようとする「3S政策」がとられ、映画界では男性向けのエロ映画が花盛りとなった。人気女優アン・ソヨンが主演した『エマ夫人』（82）は伝説的ヒットを記録し、シン・スウォン監督の『オマージュ』でも、いまだに男たちを引き寄せるエロ映画の代表格として引用されているほどだ。

韓国映画の一時代を担ったジャンルとはいえ、そのなかで「女性映画」と本書で断言できる作品があるかというと……正直言って難しい。それでも敢えて挙げるとするなら、イ・ドゥヨン監督の『桑の葉』（85）はどうだろうか。

日帝時代、山間の小さな村に暮らすアンニョンネ（イ・ミスク）は、旅に出てばかりの夫を待つ間、言い寄ってくる村の男たちに体を売り、引き換えに得た米や金品で生計を立てていた。彼女は嫉妬に狂った村の女たちにタコ殴りにされたり、長老に村から出ていくよう説かれたりするのだが、めげずに村に居座り続ける……。

夜這いの風習が残る田舎を舞台にした艶笑喜劇だが、イ・ミスク演じるヒロインは陰湿ないやらしさと無縁で、明るく前向きなキャラクターは「ホステスもの」のような悲劇性を寄せつけない。夫は根無し草の博打好きに見えて実は抗日運動家という設定があり、イ・ドゥヨン監督が七〇年代

『避幕』

に乱発した反日アクション映画のアナザーストーリーを見ているような気分になる。古臭いメロドラマのパターンから脱却した『桑の葉』は日本のレンタルビデオ市場でもヒットし、九〇年代のコリアンエロス・ブームの火付け役となった。

イ・ドゥヨンは七〇〜九〇年代にかけて多彩なジャンルを渡り歩いた筋金入りの職人監督である。最初は男性アクション映画の旗手として注目を集めたが、女性を主人公にした作品も数多く撮っている。人気女優ユ・ジインが美しく謎めいた巫堂《ムーダン》を演じたフォークロア・ミステリー『避幕』(80)は、その代表作といえよう。神秘的存在であり、自立した女性であり、静かに燃えたぎる復讐心の持ち主というヒロインの人物造形は、今見ても格好良い。そう、イ・ドゥヨンは格好良いヒロインが描ける稀有な監督でもあった。『魔の階段』(64)を焼き直したサイコスリラー『鬼火山荘』(80未)でも、剃刀を振り回して不倫相手の男を追いかける狂気の女性を、まるでアクション・ヒロインのように撮っている。

儒教社会の抑圧のなかで次々に悲運に見舞われる女性の姿を描いた時代劇『糸をつむぐ女』(83)は、いわゆる韓国的な「恨《ハン》」のドラマを追求した作品として高く評価されたが、イ・ドゥヨン本来の陽性の魅力を伝えているとは言いがたい。この作品の反動が『桑の葉』に現れたのではないか、という気もする。

また、イ・ドゥヨンは女性アクション映画のポテンシャルをいち早く模索してきたパイオニアであり、『続秘密客』(76未)でレオタード姿のヒロインが披露する新体操アクションはいまだに衝撃度も見応えも満点だ。一九九〇年には、新人女優イ・ジンを起用した『黒雪』(未)で、韓国初の本格的女性アクション映画を誕生させようとした。が、民主化達成後のシリアスな社会の空気は、本来肩ひじ張らない娯楽作であるはずの作品内容にも影響し、興行的にも失敗した。

八〇年代は社会批判を作品に込める監督たちが活躍した韓国ニューウェーブの時代でもあり、社会問題のひとつとして性産業を描く作品も多かった(エロ映画ブームの中で、両者は混然となって興行をにぎわせた)。イ・ジャンホ監督の『暗闇の子供たち』(81)は、ソウルの路地裏に実在した「売春婦村」を舞台にした問題作である。これが主演デビュー作となったナ・ヨンヒは、その大胆な演技が

『チケット』

注目されてキム・ギョン監督の『火女'82』のメイド役に抜擢。巨匠から新鋭まで多くの監督たちがこぞって起用する人気女優となった。高級コールガールを演じた『ソウル・コンパニオン／肉体の虜』(88)は、男に裏切られ続ける女たちの反撃を『極道の妻たち』のような女性主体のドラマとして描き、あくまでエロ映画のフォーマットに沿いながら、続編まで制作されるほど人気を博した。

ナ・ヨンヒと『火女'82』で火花を散らした往年の名女優キム・ジミは、民主化の足音が近づく中、それまで経済発展の陰で放置されてきた韓国の社会問題を背負うような役柄を率先して演じた。自ら設立した「ジミフィルム」で企画・制作し、イム・グォンテクを監督に迎えた『チケット』(86)もその一本。港町にある喫茶店《タバン》で客に性的サービスを提供する女給《タバンアガシ》たちを描いた群像劇は、従来の「ホステスもの」とは異なるリアルな社会派ドラマとして高く評価された。キム・ジミは彼女たちを管理する女店主を演じ、クライマックスでは壮絶な狂乱シーンを熱演している。

劇場にとっては一時の潤いになった八〇年代のエロ映画ブームだが、女性観客が国産映画に興味を失うには十分すぎるほどのダメージをもたらしたはずだ。民主化という社会全体の大きな変化に伴うかのように、韓国映画シーンにも巨大な断絶とリセットが訪れたと言ってもいいだろう。

失われたものを取り返す動きは、九〇年代後半から徐々に始まっていく。女性監督たちが続々と登場していくのだ。一九九五年には、当時二〇歳の女性イ・ソグンが脚本を執筆した女性二人の密室劇『301・302』が公開され、ピョン・ヨンジュの『ナヌムの家』が国産ドキュメンタリー作品としては初めて一般劇場で上映された。翌九六年にはイム・スルレが『三人の友達』でデビューし、その翌年にはイ・ソグンが『ラブラヴ』(97)で監督デビューを果たす。パク・ナモクが開いた突破口は、ここに来てようやく無尽の水脈として活き始めたのである。

夏目深雪
Miyuki Natsume

二〇〇〇年代以降の男性作家と女性映画作家としてのホン・サンス

二〇〇〇年以降の男性作家　〜キム・ギドク、ポン・ジュノ、イ・チャンドン〜

DVDの山の中に埋もれていた『嘆きのピエタ』（12）を観ることは、韓国において女性映画や女性監督が台頭し始めたエポックメイキングな年、一四年――プ・ジョンの『明日へ』とチョン・ジュリの『私の少女』が撮られた年――以前の韓国映画を振り返るに、とても合った行為だと思った。ヴェネツィア国際映画祭で金獅子賞を獲り、アカデミー賞外国語映画賞の韓国代表にも選ばれたキム・ギドクの長編作品である。

その後韓国でも盛り上がった#MeToo運動、そして女優たちの告発により表舞台から去ったギドク[1]の所業を暴きたいから彼の作品を取り上げるわけではない。『悪い男』（01）に典型的なように、強い女性蔑視に基づいているように見える映画も含む彼の作品群を、今の視点から分析し直そうというわけでもない。九九年の『シュリ』を嚆矢とした韓国映画の興隆は、キム・ギドク、ポン・ジュノ、パク・チャヌク、イ・チャンドンといった同世代の男性作家がほぼ同時に、二〇〇〇年前後にブレイクしたことによって強く印象付けられた。

[1] 本書三五頁一〇行目〜参照のこと。

◉2 ガンスが母親にレイプまがいのことをするシーン、母がガンスの性処理をするシーンがあり、それが現実に起こった女性蔑視に基づいていると思われる性暴力を想起させ、非常に禍々しく感じた。他の作家の作品では、いくら凄惨なシーンがあったとはいえ、そういう画面から現実に侵食されるような感覚を味わうことはない。ギドクは『うつせみ』（04）など現実と映像／幻想の境界線が消失するような

『嘆きのピエタ』

『シュリ』の、ハリウッドスタイルと韓国独自の問題の融合という外面によって刷新された二〇〇〇年代以降の韓国映画は、韓国の近現代史や南北問題などのテーマ面のみならず、凄惨な暴力描写などの共通点を持つ。特にギドクの作品の中でも評価が高く興行収入もよかった『嘆きのピエタ』は他の男性作家たちとの共通点を浮かび上がらせる。それは母と息子の物語ということである。債権者から借金を取り立てる仕事をしているガンスが主人公。保険金を借金に当てるためにわざと債権者を障害者にさせるような阿漕《あこぎ》[◉2]な真似をする彼の前に、突然三〇年前に彼を捨てたと母を名乗る女が現れる。勿論違いもあるが、母の息子への痛々しいまでの献身が他の作家の作品と共通している。

　例えばポン・ジュノの『母なる証明』（09）では、知的障害を持つ息子が起こした犯罪の隠蔽のため、殺人を犯してしまう母親が主人公だ。『嘆きのピエタ』でもガンスが非道なのは自分が彼を捨てたせいだと言い、母を名乗る女がガンスに食事を作ったり、果ては性処理を手伝ったりとその甲斐甲斐しさが痛々しい。イ・チャンドンの『ポエトリー アグネスの詩《うた》』（10）の場合は、釜山で働く娘の代わりに中学生の孫チョンウクを育てるお婆さん・ミジャが主人公だ。生活保護を受けながらヘルパーとしても働くミジャだが、チョンウクが同級生を集団で性的暴行したことを知る。被害者の女子中学生は自殺し、事件を公にしたくない加害者の父親たちは被害者の母親に示談金を支払うことにし、ミジャは金策に追われることになる。

「結婚前は父に、結婚したら旦那に、年を取ったら息子に従え」という男性中心主義の考え方で育てられた中年女性や高齢女性の悲劇をこの三作は描いている。[◉3]それらを描くということは、家父長制の弊害を明るみのもとに引き出し、撃つことでもあるだろう。いずれも性的なものが関わってくるのが韓国映画らしいエグさを醸している。そう、家庭とは性の場所であるのだ。家庭しか居場所がない母は息子／孫の性衝動に振り回されざるを得ない。

家庭や親子関係を描かず、男女関係を描き続けるホン・サンス

人間の深淵を覗き込みたいという、より強い刺激を求める観客の欲望ともマッチし、質の高さ

傑作も撮っていて、映画に打ち込みかまけるうちに本人も境界線を踏み外してしまったのか……などと、暗い妄想は膨らむ。

●3
『嘆きのピエタ』は実は反転があるのだが、それが鮮やかに効いているかというと疑問なので、とりあえずここではそういうことにする。

『夜の浜辺でひとり』

と韓国の特異な歴史の商品化の成功によって、男性作家たちによる韓国映画はカンヌやベルリン、ヴェネツィアなど世界の名だたる映画祭を席巻した。その中でホン・サンスは異色だった。彼は親子関係をほとんど描かず、男女関係を描くことが多い。彼の紡ぐ喜劇風の恋愛ものは、エリック・ロメールとの類似が指摘され、要は「世界映画」であり韓国の土着性とは関係がないという見方が、特に初期は主流だったように思う。

　彼の映画に登場する男性主人公――大抵映画監督などの芸術家で、酒呑みで若い教え子と不倫するいわゆる〝自由恋愛〟タイプ――があまりに毎回似通っているので、自画像を描いている「私小説」映画作家だというイメージも一方であった。そして『夜の浜辺でひとり』(17)の記者会見の席で、『正しい日　間違えた日』(15)から起用し始めた女優キム・ミニとの不倫関係を公式に認め、その後もキム・ミニをヒロインに起用し続けることによって、そのイメージは固定していった。

　しかし家庭を描かない――例えば結婚していても若い子に目移りする男を描くこと――は、家父長制からの脱却を標榜しているとも捉えられる。ホン・サンス映画の男たちは自由で、自身の欲望に忠実で、先に挙げたような家庭や男性中心主義に縛られた女性たちとは対極にある。女性が見ても、勿論彼女らと比較すれば、サンス映画の男性主人公の方が余程解放感を味わえる。

　また、「私小説」作家と言っても、赤裸々に自らの生活を描くいわゆる日本の私小説のようなイメージと、ホン・サンス映画は対極にある。サンスは形式主義者であり自然主義者であるという矛盾した側面を併せ持っている。映画のスタイルに関しては形式主義者で、人間を描くことに関しては自然主義者なのだ。

　初期の傑作『カンウォンドのチカラ』(98)や『オー!スジョン』(00)を観ると、その緻密さに驚かされる。二部構成で前半と後半でそれぞれ恋愛関係にある男女の視点から描くのだが、同じシーンが別のアングルから繰り返されたり(『カンウォンドのチカラ』)、男の視点から見た物事と女の視点から見た物事が微妙に違っていたりする(『オー!スジョン』)。

　ただ、人間を描くことに関しては、理想的な人間を描くというよりは、むしろ戯画化された平凡で愚かな人間を描いている。これは男性に関して特にそうだが、女性も尻軽だったり(『カンウォンド

『カンウォンドのチカラ』

のチカラ』『浜辺の女』)、したたかに男性の間で立ち回ったり(『オー！スジョン』)と、等身大で現実にいそうな女性を描くことが多い。『オー！スジョン』では構成作家のスジョンが男性監督にレイプされかけそうになるシーンもあり、今の感覚で見ると少しきついところもあるが、その辺りも含め当時の韓国の状況を如実に表しているのだろう(それに先に挙げた三作に較べれば陰惨さは少ない)。

女性映画作家としてのホン・サンス

さて、女性映画作家としてのホン・サンスはどうだろう。二〇〇〇年前後の他の作家の作品を見てみると、キム・ギドクは先に挙げた『悪い男』、イ・チャンドンは『ペパーミント・キャンディー』(99)、パク・チャヌクは『JSA』(00)、ポン・ジュノは『ほえる犬は噛まない』(00)。ペ・ドゥナを主演にしたブラックコメディを撮ったポン・ジュノには適わないが、他の作家がみな男性主人公であることに較べると、男性視点と女性視点を半々——つまり形式上はあくまで対等に描いたホン・サンスはなかなか先進性がある。

実は女性主人公の映画も多くて、女性視点のものも含めると、『教授とわたし、そして映画』(10)、『3人のアンヌ』(12)、『ヘウォンの恋愛日記』(13)、『ソニはご機嫌ななめ』(13)、『夜の浜辺でひとり』(17)、『クレアのカメラ』(17)、『逃げた女』(20)、『あなたの顔の前に』(21)などがある。むしろ男性が主人公や男性視点のものよりも数は多いのではないか。その割に女性映画作家的なイメージがないのは、フェミニスト・アイコン的なイザベル・ユペールを起用していながら全くそれに関する目配せがない『3人のアンヌ』のような作品の影響も大きいのではないかと思う。フォルマリストのサンスらしい軽妙さはあるがその点では物足りない作品であった。

キム・ミニが出演し始めてからの作品の充実度は群を抜いていて、それは恋愛関係云々というより、キム・ミニがあまり色がついていない女優である◉4のと、サンス映画が各映画ごと互いに作用し合っていることが大きいと思われる。キム・サンジュンやクォン・ヘヒョが今度はどんな役を演じているか——前見た作品とのズレを確認するのがサンス映画の愉しみの一つなのである。恋の鞘当ても喜劇も演じられる良きコメディアンには恵まれたが、これといったコメディエンヌに恵まれな

◉4 『3人のアンヌ』だけでなく、加瀬亮主演の『自由が丘にて』(14)も違和感を持つ作品である。サンス映画の場合、いくらビッグスターが出演しても、あくまで戯画化した登場人物＝「サンス映画の住人」になってしまうので、あまり強い色がついていない俳優の方が自由に色づけられてのびのびと羽ばたく傾向はあるように思う。

『逃げた女』

かったサンス映画に、セクシーなコメディエンヌが登場し、相互作用は盛んになり、結果的に作品も充実していった。

女性映画としてのサンス映画は、いくつかパターンがあり、人によってどれをいいと思うかは違うだろう。男性は女性の捉えどころのなさを描いた『次の朝は他人』(11)がいいと言うかもしれないし、女性は『夜の浜辺でひとり』や『あなたの顔の前に』で描かれた女性の孤独がいいと思うかもしれない。

私は女性の内面ではなく、描かれ方として分裂や分からなさを孕んだ奇妙な作品群が最も優れていると思う。例えば『あなた自身とあなたのこと』(16)と『逃げた女』である。『あなた自身とあなたのこと』では、ミンジョンが恋人のヨンスから、友人から聞いたという、酒を飲んで騒いでいたことで叱責される。ミンジョンはその後「どこかで会った」と言う中年男性二人と会うが、彼女は「私はミンジョンではない」と言い張る。「双子がいる」などという話も出てきて、観客も彼らとともに混乱し始める。本当はミンジョンで言い張っているだけなのか、双子の別人なのか、それとも……。

『逃げた女』でも、思わせぶりなタイトルに反して、女友だちの家を次々と訪ねるガミの事情は明かされない。「私は五年間、一日も夫と離れたことがない」。だったら何故友人たちの家を転々としているのか。「逃げた女」とは誰のことなのか。ネタが明かされなくても、友人たちの暮らしぶりを見るだけで、たわいないお喋りを聞いているだけで、だんだんと彼女の輪郭がはっきりしてくるようなワクワクする感覚がある。

反復とズレの作家だったホン・サンスが、近年になって分裂と省略など、技が増えている。だが明確に結論付けない作品の開き方、観客に解釈の自由を与えるふところの広さ——しかもそれが女性主体によって行われるところは、フェミニズムとおおいに関係している気がする。ホン・サンスが緻密な男性と女性の視点による二部構成でできている初期作品から二〇年余り経って辿り着いたものは、そんな柔らかさだったということ。私たちは翻弄され、混乱し、酩酊するのだ——たった一人の女性のよく分からなさに。

박찬욱

パク・チャヌク

闘い、復讐する女性たち
娘たちが活躍する冒険譚であり
ダークメルヘン

文＝岡本敦史

パク・チャヌクが「女性をないがしろにする」映画作家であったことは一度もない。原作の設定を改変して女性を語り部に据えた『JSA』(00)から、愛し合う二人の女性による逃走/闘争劇を描いた『お嬢さん』(16)まで、そのイメージはブレていない。とはいえ、劇中に登場する男性と同じぐらい、女性たちも容赦なく暴力や悲劇に見舞われる描写がままあるので、異論のある方もいるだろう。それでもやはりパク・チャヌクは女性を尊重し、女性の視点を意識してきた作家であることを、この場を借りて検証したい。

最初のパク・チャヌク作品との出会いは『JSA』(00)だった。登場人物の大半は男性だが、物語を牽引するのは韓国系スイス人の女性将校ソフィー(イ・ヨンエ)である。彼女は有能な捜査官として、また南北分断と自身のアイデンティティを重ねて葛藤する重要なキャラクターとして登場する。本書収録の座談会でも語ったように、筆者にとって『JSA』は初めて韓国映画の女性描写に感心した作品ともなった。

続く『復讐者に憐れみを』(02)は、人間の善性を肯定する『JSA』とはまったく正反対の、パク・チャヌクのダークな作家性を思い知らされる(そして惚れ込む)ことになった一作だ。ここでもやはり、女性たちは際立った存在感を放つ。聴覚障害をもつ青年リュ(シン・ハギュン)の「善意の行動原理」となる、重度の腎臓病を患った姉。リュが貯めた手術費用と腎臓をだまし取り「復讐の動機#1」となる、臓器密売組織の女性経営者。リュの恋人で、彼を唆し誘拐計画を持ちかけ「破滅のスイッチ」となる、アナーキストの恋人ヨンミ。即席犯罪者カップルに誘拐されたあげく不慮の死を遂げ、ソン・ガンホ演じる父親にとっての「復讐の動機#2」となる少女。陰惨で皮肉な犯罪劇の要所には、必ず女性たちの姿がある。特に、ペ・ドゥナがいつもの等身大の佇まいで演じる女性運動家ヨンミは、過去のどんなファム・ファタールとも異なるインパクトを放っていた。ひたすら自信たっぷりに誤った道を驀進する彼女のキャラクターは痛快ですらあり、娘を殺された父親ソン・ガンホに凄惨な拷問を受けるシーンでも、一歩も退かず対等にぶつかり合う姿には思わず「あっぱれ!」と心で叫んだ。どこまでも男女平等で、誰も生き残らないパク・チャヌク流ノワールは、女性たちの肖像も鮮烈に刻みつける。

男二人の対決劇が主軸となる『オールド・ボーイ』(03)でも、女性が担う役割は大きい。カン・ヘジョン演じるヒロインのミドは、原作から大きく改変された物語の根幹を担い、衝撃的なクライマックスの中心人物となる。映画を観たあと、観客の脳裏に残るのは男たちの最期だけでなく、ミドの表情とその未来にほかならない。

初めて女性を主役に迎えた『親切なクムジャさん』(05)

『復讐者に憐れみを』Photo:Everett Collection/アフロ

は、復讐三部作のラストを飾る一本と語られることが多いが、むしろ「第二期パク・チャヌク」の始まりといえる作品かもしれない。連続殺人犯である夫に濡れ衣を着せられて服役したクムジャさん（イ・ヨンエ）は、囚人仲間との「連帯」、我が子を殺された親たちと復讐計画を遂行する「団結」の求心力となる。あくまで個と個がぶつかりあう復讐劇だった前二作とは異なる「団体復讐劇」という意外な展開も、主人公がドラクロワの描く女神のごとき指導力を持つ女性だからこそ説得力をもつ。何より印象的なのは、クムジャさんが実の娘との関係を取り戻すまでのドラマが主軸となっている点だ。

パク・チャヌク作品において「娘」の存在は非常に大きい。それはパク・チャヌク自身が実際に「娘の父親」であることが影響している（と、本人も繰り返し語っている）。

『復讐者に憐れみを』と『オールド・ボーイ』は、娘を持つ父親が抱く「最悪の妄想」を具現化したような物語だった。それに対して『親切なクムジャさん』は、暴力的で抑圧的な夫／父親（チェ・ミンシク）にしかるべき裁きが下り、母親に娘の養育権が正しく移譲されるまでの物語とも言える。復讐というより「娘三部作」とでも呼びたいくらいだが、その後のパク・チャヌク作品にも、娘の成長を見守るような視線が所々に感じられる。

精神病院を舞台にしたロマンティックコメディ『サイボーグでも大丈夫』（06）は、監督自身が公開当時のインタビューで「一二歳になる娘のために作ったラブストーリー」と公言している（さらに「カンヌで賞を獲るより娘に尊敬されたい」との発言も）。自分のことをサイボーグだと思い込んでいる少女（イム・スジョン）に恋した青年（Rain）の涙ぐましい奮闘劇は、多感な娘の理解しがたい内面と、それをなんとか読み取ろうとする父親の姿をカリカチュアして描いたようにも見える。それから七年後に公開された初の英語作品『イノセント・ガーデン』（13）もまた、監督自身が「自分の娘と同じ年ごろの女性に気に入ってもらえる作品にしたかった」と語るダークメルヘンである。少女から大人にな

『イノセント・ガーデン』

るヒロインの成長譚である同作と、監督の娘の年齢感（おそらく当時一九〜二〇歳）は一致する。新作発表のたびにインタビューで引き合いに出されることを娘さん本人がどう考えているかは分からないが、パク・チャヌクの脳裏には常に娘の存在があることは公然の事実である。

『お嬢さん』©2016 CJ E&M CORPORATION, MOHO FILM, YONG FILM ALL RIGHTS RESERVED

　ならば『お嬢さん』はどうか。キム・テリが演じた侍女スッキもまた、監督にとって「娘と変わらない年頃のヒロイン」の一人であろう。この物語で彼女が体現するのは「自由」である。そのバイタリティも、性的嗜好も、反骨心も、自立心も、行動力も含め、すべてを認めたうえで自由に羽ばたいてほしいという願いが『お嬢さん』には込められているのではないだろうか。言ってみれば、それは父親にとっての「子離れ宣言」である。

　女性の解放というテーマと、パク・チャヌク作品の定番モチーフである「罪」がより強くダークに密着しているのが『渇き』（09）である。神父が吸血鬼になるというアイデアと、エミール・ゾラ『テレーズ・ラカン』を組み合わせた破天荒な物語は、極めてアンモラルなラブストーリーでもある。医療事故で吸血鬼になってしまった神父（ソン・ガンホ）は、不幸な若妻テジュ（キム・オクビン）と出会い、互いに強く

『渇き』

惹かれ合う。一人息子を甘やかす姑に束縛された嫁というテジュの設定は、原作どおりとはいえ、いかにも韓国的・儒教社会的だ。吸血鬼となったテジュはめきめきと生命力を取り戻し、欲望の赴くままに暴れまわる自由な「獣」として覚醒していく。彼女の解放は凄まじい暴力とともに描かれ、神父との愛は悲劇的な結末に終わるが、パク・チャヌクは彼らを断罪はしない。その自由への逃走と愛の成就を、とことんポジティブに描いたのが『お嬢さん』であるともいえる。

　韓国社会において「罪」とされがちな同性愛を全面的に肯定して描いたことも、『お嬢さん』の大きな意義だ。それに対して「真の罪」として批判されるのが、男たちによる女性への抑圧である（それは日本による朝鮮の植民地支配とも重ねて描かれる）。ちなみに、パク・チャヌクは若くして亡くなった友人の映画監督イ・フンの長編『マスカラ』（94未）に同性愛者役で出演している。当時としては珍しいトランスジェンダー・ノワールともいうべき異色作だが、パク・チャヌクの常に物議を呼ぶ挑戦的姿勢は、もしかしたら亡き親友から受け継いでいるのかもしれない。

　カンヌ映画祭で監督賞を受賞した新作『Decision to Leave』（22）でも、やはり「罪」のモチーフを扱い、物語の中心に女性の存在を据えながら、その第一印象を覆す仕掛けがあると監督自ら明かしている。曰く「第一章ではファム・ファタールだった女性が、第二章では一転、物語を運んでいく人物に変わっていく」。ヒロインを演じるのは『ラスト、コーション』（07）の中国人女優タン・ウェイだが、多くの人が期待するであろう彼女のベッドシーンはないという。前作で娘離れを果たしたあとも、パク・チャヌクの女性へのまなざしは相変わらずブレない。

『Decision to Leave（英題）』2023年公開

이준익

イ・ジュニク

あらゆる人間を慈愛深く見つめ
「人間」とその「愛」を描く
女性の人物像が男性と対等でリアル

文＝岡本敦史

イ・ジュニクは、臆面もなく言うならば「人間」とその「愛」を描く作家である。おそらく大半の映画監督がそうだとは思うが、イ・ジュニクほどその姿勢が徹底している人は思い当たらない。男も女も、老いも若きも等しく見つめ、一切の隔たりも偏りもなく愛を描こうとする。たとえば、イ・ジュニク曰く『王の男』(05)は「同性愛をテーマとした映画ではないが、ラブストーリーではある」という。

　大道芸人の師弟から、バンド仲間の中年男性、王とその家族、売れないラッパー青年まで……ありとあらゆる人間を興味深く、慈愛深く見つめて描くのがイ・ジュニクである。しかもまったく気取らず、ユーモラスに、誰でも観られる娯楽映画として。この凄みは他の追随を許さない。そのなかには、女性をひときわ印象的に描いた作品群もある。

　彼のフィルモグラフィーで「女性映画」とはっきり呼べるのは『あなたは遠いところに』(08)、『ソウォン／願い』(13)、『金子文子と朴《パク》烈《ヨル》』(17)の三本だろう。音楽映画三部作の一本と謳われる『あなたは遠いところに』は、韓国

『あなたは遠いところに』

軍がベトナム戦争に参戦していた一九七一年が舞台。スエが演じる主人公スニは、ただ歌うことが好きな田舎育ちの純朴な女性だ。特に好きでもない男のもとに嫁ぎ、姑との息苦しい生活を送っている（この設定は『この世界の片隅に』のヒロイン像にもよく似ている）。徴兵された夫がベトナムに出発する前の晩、心なく投げかけた言葉がスニの心に棘のように突き刺さり、彼女は慰問バンドの女性歌手オーディションに思わず応募してしまう……。

　実際にベトナム慰問公演を行った韓国人歌手ヒョンミらの実話もベースにした本作は、同じく慰問歌手の一代記を描いたハリウッド映画『フォー・ザ・ボーイズ』（91）の韓国版という趣きもある。退屈な田舎暮らしから一転、ステージでのびのび歌う喜びと、戦禍の恐怖が交互に襲いかかる日々のなかで、スニは逞しさと美しさを増していく。儒教社会のしきたりに従って生きてきた女性が異国の戦場で自己実現を果たすという物語であり、なおかつ「愛」の物語でもある。彼女を命がけの旅へと衝き動かすものは、韓国女性たちの「あなた（男）は私（女）をなんだと思っているの？」というシンプルな問いかけだ。やっと戦場で再会した夫にスニがぶつける激烈な感情を通して、イ・ジュニクは逆説的に、韓国女性の「愛」を浮き彫りにする。こんな映画は他に類を見ない。

『ソウォン／願い』は幼女への性的暴行という重い題材を扱った社会派作品だが、イ・ジュニクは陰惨な事件そのものよりも、その後も続いていく人生そのものにフォーカスする。一生癒えない傷を抱えることになった幼い娘を、両親はいかにして支えていくか。この家族が「普通の人生」を取り戻すための戦いに焦点を当てる視線は、広く人間と社会のあり方を見据えるイ・ジュニクならではといえるだろう。母親の苦悶にも、娘の健気な頑張りにも、その視線は無理なく寄り添う。

　大正時代に実在したアナーキスト・カップルの伝記映画『金子文子と朴烈』では、さらに正面きって「愛」が描かれる。ここでは権力に躊躇なく反抗するヒロイン・金子文子（チェ・ヒ

『ソウォン／願い』

ソ）がとびきり魅力的に描かれ、まさに民主化闘争まっただ中の時代に二〇代を過ごしたイ・ジュニク（一九五九年生まれ）の反骨精神を彼女が体現しているかのようだ。権力の目くらましに騙されてはならない、その理不尽な仕打ちには抗うべきだ、という青臭いまでのメッセージは現代に直結するものである（実際、イ・ジュニクは「私が時代劇を作る際は常に現代を描いている」と公言してはばからない）。その一方、時代を超越して「新しい女性」として生きた金子文子の勇敢な生きざまも、現代の観客に伝えたかったはずだ。因習に抗い、ナショナリズムからも解放された、自立した女性が九〇年前にも存在したのだ、と。韓国人監督がそんな目線で日本人女性を描いたことも、一種アナーキーである。

　脇役であっても女性を内面のない添え物にせず、男性と対等に、かつリアリティのある性格付けをする。それもイ・ジュニク作品の魅力である。流刑の天才学者が海洋生物研究書を著すまでを描く伝記時代劇『茲山魚譜 チャサンオボ』（21）でも同様だ。特に、罪人扱いされる主人公を気さくに迎える漁村のおかみさんを演じたイ・ジョンウンが素晴らしい。新作を観るたびに、イ・ジュニクにしか撮れない女性映画を、いつかまた観てみたいと思う。

『茲山魚譜 チャサンオボ』デジタル配信中

韓国独立映画の女性監督たち

文＝岸野令子

一九九七年にスタートしたソウル国際女性映画祭（SIWFF）は、〈女性の目を通して世界を見る〉というキャッチフレーズで、多くの女性監督作品を上映してきた。とりわけ商業ベースに乗らない独立（インディペンデント）映画の女性監督を紹介、また若い世代を育ててきた（日本でも自主上映などで公開されている作品もある）。

昨年劇場公開された『狼をさがして』（20）のキム・ミレ監督は、自分の父と日本の日雇い労働者を描いたドキュメンタリー『ノガダ／土方』（05）が日本で上映された時、「東アジア反日武装戦線」（『狼をさがして』の原題でもある）の話を聞いたという。以来、このメンバーのその後をたどる作品を構想してきた。キム・ミレ監督は、スーパーの女性労働者たちが職場を占拠してたたかった様子を描いたドキュメンタリー『外泊』（09）で知られるが、『同行〜非正規職女性についてのショート・レポート2』（02）でも韓国における非正規職女性の過酷な状況と、彼女たちと苦楽を共にする労働組合のオルグになった女性の話を描いている。これは韓国女性労働者協議会・全国女性労働組合の製作である。

同じく韓国女性労働者協議会の製作、チャン・ヒソン監督『和気あいあい？』（05）は、職場でセクシュアルハラスメントに直面する女性たちの物語を四つのエピソードで描いた作品。#MeToo運動が起こるより十年以上も前にこの問題を提起していた。この映画を見れば、本当にセクハラは嫌だという想いが共有できる。また、チャン・ヒソン監督は『マイ・フェア・ウェディング』（15未）というゲイカップルの結婚式を撮ったドキュメンタリーも作っている。

パク・ジョンスク監督も『塩〜韓国鉄道女性労働者の物語』（03）や『海を越えた初恋—1989スミダの記憶』（10）でたたかう女性労働者たちを撮り続けている作家だ。後者は日本の男性労働者たちが韓国の女性労働者たちの支援にはせ参じ連帯する姿がまるで〈初恋〉のように初々しいもの

『狼をさがして』パンフレット

としてとらえられている。

オ・ソヨン監督は民族問題研究所で映像を作ってきたが二〇〇九年に独立、韓進重工業の労働者キム・ジンスクさんが労働条件の改善を訴えてクレーンの上で籠城三百余日、そのたたかいを応援して韓国全土から支援の〈希望のバス〉がかけつけた実話を『塩花の木、希望のバスに乗る』(13)というドキュメンタリーにした。この映画を日本で自主上映したユニオンの人々との交流がはじまり、しばしば来日したオ・ソヨン監督は、日本におけるヘイトスピーチに驚き、それとたたかう在日コリアンたちを知った。『もっと真ん中で』(20未)は裁判闘争をする在日コリアン女性に密着した作品。

女性監督たちが主としてドキュメンタリー畑で自主制作に取り組むのは、低予算でも時間をかけて自分たちのテーマを追求できることがその理由であろう。

労働問題や差別と並んで多いテーマは〈家族〉だ。家父長的支配の強い韓国社会の生きづらさは、今日の商業映画でも女性監督たちの主要テーマであるが、もうずっと以前から多くのドキュメンタリーが作られている。

キョンスン監督『ショッキング・ファミリー』(06)は、世代も境遇も異なる四人の女性が個の自立を求めて奮闘する話を同時進行のドキュメンタリーとして映画の中で映画を作る。キョンスン監督は、さらに『レッド・マリア それでも女は生きていく』(11)で、セックスワーカーやホームレスの女性を撮り、社会的にその存在が可視化されにくい人々に目を向けている。近作は韓国の政党〈統進党〉の解散までを追った『指鹿為馬(しろくいば)—愛国者ゲーム2』(19未)。

チミン監督『2LINES あるカップルの選択』(11)は、非婚を通しているチミンとパートナーのチョルの間に子どもが出来たことから結婚制度について考えていくドキュメンタリー。本人主演のセルフドキュメンタリーで、実際に妊娠から出産の過程もカメラに収めながら、徹底的に話し合うこのカップルの姿がすばらしく、男性のチョルは決してマッチョでないところが、新鮮な韓国男性像に映る。チミン監督の『ファンボさんに春が来た』(07)は、七〇歳にして初めて識字学校に通い、絵画や演劇を通して自己表現するようになったファンボ・チュルさんというハルモニのドキュメンタリー。この作品を見ると女性は学校に行けなかったという『チャンシルさんには福が多いね』(19)の大家さんにリアリティのあることが判る。チミン監督は近年、ソウル国際女性映画

『レッド・マリア それでも女は生きていく』

祭のワークショップで後輩たちの指導に当たっている。山形国際ドキュメンタリー映画祭２０１５で上映されたアオリ監督の『私の非情な家』(14)ではプロデューサーと脚本に関わっていた。アオリ監督が実父の性暴力を告発した作品だ。

女性監督による優れた独立映画は、まだまだ日本には紹介されていない。筆者も上映企画等でこれからも努力したい。

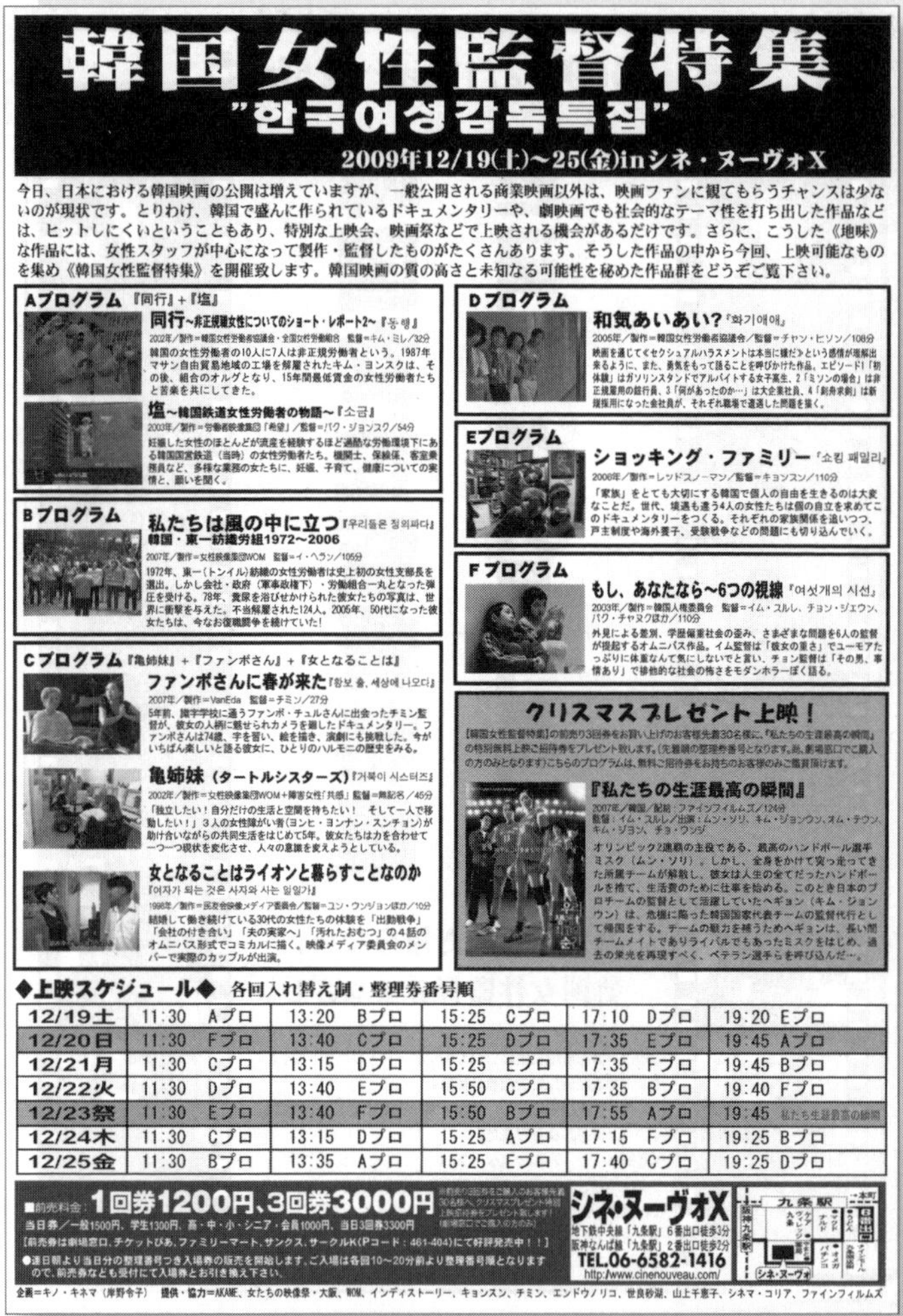

韓国女性監督特集
"한국여성감독특집"
2009年12/19(土)~25(金)inシネ・ヌーヴォX

今日、日本における韓国映画の公開は増えていますが、一般公開される商業映画以外は、映画ファンに観てもらうチャンスは少ないのが現状です。とりわけ、韓国で盛んに作られているドキュメンタリーや、劇映画でも社会的なテーマ性を打ち出した作品などは、ヒットしにくいということもあり、特別な上映会、映画祭などで上映される機会があるだけです。さらに、こうした《地味》な作品には、女性スタッフが中心になって製作・監督したものがたくさんあります。そうした作品の中から今回、上映可能なものを集め《韓国女性監督特集》を開催致します。韓国映画の質の高さと未知なる可能性を秘めた作品群をどうぞご覧下さい。

Aプログラム 『同行』+『塩』

同行~非正規職女性についてのショート・レポート2~『동행』
2002年／製作＝韓国女性労働者協議会・全国女性労働組合　監督＝キム・ミレ／32分
韓国の女性労働者の10人に7人は非正規労働者という。1987年マサン自由貿易地域の工場を解雇されたキム・ヨンスクは、その後、組合のオルグとなり、15年間最低賃金の女性労働者たちと苦楽を共にしてきた。

塩~韓国鉄道女性労働者の物語~『소금』
2003年／製作＝労働者映像集団「希望」／監督＝パク・ジョンスク／54分
妊娠した女性のほとんどが流産を経験するほど過酷な労働環境下にある韓国国営鉄道（当時）の女性労働者たち。機関士、保線係、客室乗務員など、多様な業務の女たちに、妊娠、子育て、健康についての実情と、願いを聞く。

Bプログラム

私たちは風の中に立つ『우리들은 정의파다』
韓国・東一紡績労組1972~2006
2007年／製作＝女性映像集団WOM　監督＝イ・ヘラン／105分
1972年、東一（トンイル）紡績の女性労働者は史上初の女性支部長を選出。しかし会社・政府（軍事政権下）・労働組合一丸となった弾圧を受ける。78年、糞尿を浴びせかけられた彼女たちの写真は、世界に衝撃を与えた。不当解雇された124人。2005年、50代になった彼女たちは、今なお復職闘争を続けていた！

Cプログラム『亀姉妹』+『ファンボさん』+『女となることは』

ファンボさんに春が来た『황보 余, 세상에 나오다』
2007年／製作＝VanEda　監督＝チミン／27分
5年前、識字学校に通うファンボ・チュルさんに出会ったチミン監督が、彼女の人柄に魅せられカメラを廻したドキュメンタリー。ファンボさんは74歳、字を習い、絵を描き、演劇にも挑戦した。今がいちばん楽しいと語る彼女に、ひとりのハルモニの歴史をみる。

亀姉妹（タートルシスターズ）『거북이 시스터즈』
2002年／製作＝女性映像集団WOM＋障害女性「共感」監督＝無記名／45分
「独立したい！自分だけの生活と空間を持ちたい！　そして一人で移動したい！」３人の女性障がい者（ヨンヒ・ヨンナン・スンチョン）が助け合いながらの共同生活をはじめて5年。彼女たちは力を合わせて一つ一つ現状を変化させ、人々の意識を変えようとしている。

女となることはライオンと暮らすことなのか
『여자가 되는 것은 사자와 사는 일일가』
1998年／製作＝民友会映像メディア委員会／監督＝ユン・ウンジョンほか／10分
結婚して働き続けている30代の女性たちの体験を「出勤戦争」「会社の付き合い」「夫の実家へ」「汚れたおむつ」の４話のオムニバス形式でコミカルに描く。映像メディア委員会のメンバーで実際のカップルが出演。

Dプログラム

和気あいあい？『화기애애』
2005年／製作＝韓国女性労働者協議会／監督＝チャン・ヒソン／108分
映画を通じて《セクシュアルハラスメントは本当に嫌だ》という感情が理解出来るように、また、勇気をもって語ることを呼びかけた作品。エピソード1「初体験」はガソリンスタンドでアルバイトする女子高生、2「ミソンの場合」は非正規雇用の銀行員、3「何があったのか…」は大企業社員、4「刻舟求剣」は新規採用になった会社員が、それぞれ職場で遭遇した問題を描く。

Eプログラム

ショッキング・ファミリー『쇼킹 패밀리』
2006年／製作＝レッドスノーマン／監督＝キョンスン／110分
「家族」をとても大切にする韓国で個人の自由を生きるのは大変なことだ。世代、境遇も違う4人の女性たちは個の自立を求めてこのドキュメンタリーをつくる。それぞれの家族関係を追いつつ、戸主制度や海外養子、受験戦争などの問題にも切り込んでいく。

Fプログラム

もし、あなたなら~6つの視線『여섯개의 시선』
2003年／製作＝韓国人権委員会　監督＝イム・スルレ、チョン・ジェウン、パク・チャヌクほか／110分
外見による差別、学歴偏重社会の歪み、さまざまな問題を6人の監督が提起するオムニバス作品。イム監督は「彼女の重さ」でユーモアたっぷりに体重なんて気にしないでと言い、チョン監督は「その男、事情あり」で排他的な社会の怖さをモダンホラーぽく語る。

クリスマスプレゼント上映！
【韓国女性監督特集】の前売り3回券をお買い上げのお客様先着30名様に、『私たちの生涯最高の瞬間』の特別無料上映ご招待券をプレゼント致します。(先着順の整理券番号となります。尚、劇場窓口でご購入の方のみとなります)こちらのプログラムは、無料ご招待券をお持ちのお客様のみご鑑賞頂けます。

『私たちの生涯最高の瞬間』
2007年／韓国／配給：ファインフィルムズ／124分
監督：イム・スルレ／出演：ムン・ソリ、キム・ジョンウン、オム・テウン、キム・ジヨン、チョ・ウンジ
オリンピック2連覇の主役である、最高のハンドボール選手ミスク（ムン・ソリ）。しかし、全身をかけて突っ走ってきた所属チームが解散し、彼女は人生の全てだったハンドボールを捨て、生活費のために仕事を始める。このとき日本のプロチームの監督として活躍していたヘギョン（キム・ジョンウン）は、危機に陥った韓国国家代表チームの監督代行として帰国をする。チームの戦力を補うためヘギョンは、長い間チームメイトでありライバルでもあったミスクをはじめ、過去の栄光を再現すべく、ベテラン選手らを呼び込んだ…。

◆上映スケジュール◆　各回入れ替え制・整理券番号順

12/19土	11:30 Aプロ	13:20 Bプロ	15:25 Cプロ	17:10 Dプロ	19:20 Eプロ
12/20日	11:30 Fプロ	13:40 Cプロ	15:25 Dプロ	17:35 Eプロ	19:45 Aプロ
12/21月	11:30 Cプロ	13:15 Dプロ	15:25 Eプロ	17:35 Fプロ	19:45 Bプロ
12/22火	11:30 Dプロ	13:40 Eプロ	15:50 Cプロ	17:35 Bプロ	19:40 Fプロ
12/23祭	11:30 Eプロ	13:40 Fプロ	15:50 Bプロ	17:55 Aプロ	19:45 私たち生涯最高の瞬間
12/24木	11:30 Cプロ	13:15 Dプロ	15:25 Aプロ	17:15 Fプロ	19:25 Bプロ
12/25金	11:30 Bプロ	13:35 Aプロ	15:25 Eプロ	17:40 Cプロ	19:25 Dプロ

■前売料金：**1回券1200円、3回券3000円**
当日券／一般1500円、学生1300円、高・中・小・シニア・会員1000円、当日3回券3300円
【前売券は劇場窓口、チケットぴあ、ファミリーマート、サンクス、サークルK(Pコード：461-404)にて好評発売中！！】
●連日朝より当日分の整理番号つき入場券の販売を開始します。ご入場は各回10~20分前より整理番号順となりますので、前売券なども受付にて入場券とお引き換え下さい。

シネ・ヌーヴォX
地下鉄中央線「九条駅」6番出口徒歩3分
阪神なんば線「九条駅」2番出口徒歩2分
TEL.06-6582-1416
http://www.cinenouveau.com/

九条駅　阪神九条駅　シネ・ヌーヴォ

企画＝キノ・キネマ（岸野令子）　提供・協力＝AKANE、女たちの映像祭・大阪、WOM、インディストーリー、キョンスン、チミン、エンドウノリコ、世良砂湖、山上千恵子、シネマ・コリア、ファインフィルムズ

筆者の企画「韓国女性監督特集」のチラシ。
大阪シネ・ヌーヴォXにて
2009年12月25日~29日に実施された。

임순례

イム・スルレ

韓国で六番目の女性監督 女性差別とともにさえない男たちを描く

文＝岸野令子

「私は韓国で六番目の女性監督です」

いつもそんな挨拶をしていたイム・スルレ監督だが、もう数えきれなくなった今日の後輩たちの活躍を喜んでいる。

一九六〇年仁川生まれ。高校時代からドイツ文化センターやフランス大使館の上映会に参加していたイム監督は、パリ第八大学映画視聴覚専攻終了後、ヨ・ギュンドン監督の助監督などを経て、短編『雨の中の散歩』(94)、長編『三人の友達』(96未)を発表して注目され、二〇〇一年の『ワイキキ・ブラザース』で高評価を得る。

『ワイキキ・ブラザース』は、高校時代からバンド活動を続ける主人公が地方巡業中に故郷に戻るという話だ。イ・オル、ファン・ジョンミン、パク・ウォンサンの三人に、若手のリュ・スンボムが加入し、さらに高校生役でパク・ヘイルがデビューするなど、今から見れば豪華メンバーの出演。さえない

『ワイキキ・ブラザース』

男たちに無理しなくていいよと背中を押して、マチズモ全盛の韓国社会に一石を投じた。

一九九七年にスタートしたソウル国際女性映画祭（SIWFF）の立ち上げメンバーのひとりとして後輩の育成にも力をそそぎ、二〇〇一年にはドキュメンタリー『美しき生存――女性映画関係者が語る映画』を発表、第四回ソウル国際女性映画祭特別賞を受賞した。

金大中《キム・デジュン》大統領の肝いりで二〇〇一年に国家人権委員会が作られ、そこが製作したオムニバス映画『もし、あなたなら～6つの視線』（03）で、イム監督は『彼女の重さ』を撮る。就職のためダイエットや整形手術を勧める商業高校で、太目で一重瞼の女子高校生が悩む話だ。最後に撮影中のイム監督が写って通りがかりのアジョシに「え、あの太った女が監督だって?」と言わせるオチ。ここでも無理せずありのままを肯定しようと呼びかける。

イム監督が女性たちを主人公にして韓国社会の女性差別を全面的に描いた『私たちの生涯最高の瞬間』（07）は、オリンピックで銀メダル受賞という結果を得るが、そこに至るまで大変苦しい生活を強いられるハンドボールの選手たちにスポットを当てる。

この映画がヒット（四〇〇万人動員）した時、イム監督に会った。「製作資金を集めるのが大変だった。なぜならマイナス要因が三つある。ひとつ、スポーツ映画は当たらない、二つは主演が中年女性、三つめは監督がイム・スルレだ（笑）」「でも大ヒットしましたね。おめでとう」「ありがとう。（ヒットは）これが最初で最後かもね」

この後『国家代表!?』（09）『重量★ガールズ キングコングを持ち上げろ！』（09）などスポーツ映画が作られるようになった。

『飛べ、ペンギン』（09）は再び人権委員会の製作による作品で、受験戦争が厳しい韓国社会の状況を描き、『牛と一緒に7泊8日』（10）では、やはりマッチョでない男性のやさしさを描く。イム監督は動物保護団体KARAの主宰をしていて、オムニバス『ごめんね、ありがとう』（11）は〈動物と一緒に暮らす世の中プロ

『私たちの生涯最高の瞬間』

ジェクト1〉とサブタイトルがついている。

『提報者～ES細胞捏造事件～』(14)は、二〇〇五年に韓国社会を揺るがした事件、ヒトのES細胞抽出に成功したという研究発表が捏造だったというスキャンダルに材を採った作品で、主演の捏造事件を追うTV番組の記者にパク・ヘイルが扮している。彼は自分を映画界に導いたイム監督にお礼する機会を待っていたこともあり、本作に主演したそうである。ここでも、スーパーヒーローではない主人公像にイム監督の求める男性イメージを感じた。

日本の小説と漫画をそれぞれ原作に持つ『サウスバウンド／南へ走れ』(12)、『リトル・フォレスト　春夏秋冬』(18)などもこなし、新作はファン・ジョンミンとヒョンビンが主演する大作『交渉』だ。イム監督はいまや興行的にも安定した人とされている。

イム監督とは、二〇〇二年から五年間続いた日本写真映像専門学校主催の〈燃える7時間！日韓映画バトル〉のゲストとして二〇〇四年(第三回)に大阪に来てもらって以来親しくなった。会えば必ずご飯を食べに行こうと誘ってくれる。でも彼女は自分のポリシーからして肉は食べないベジタリアンなのだ。若いころ、日本で暮らしたことがあり、うどん屋でバイトしていたという話も聞いた。だから少し日本語もまぜて話してくれる。

二〇一八年以来の韓国の#MeToo運動の盛り上がりに合わせて、男女平等センター(ドゥンドゥン)が作られ初代共同代表にイム監督が就任した。彼女は映画界の製作・配給の構造が多様化しないとまだまだ雇用差別や性暴力問題は解決しないと考えている。

現在、イム監督はKARAと男女平等センターの代表を辞め、ソウル郊外に引っ越した。もう一度、自分の暮らしを見直すという。もちろん監督業は続行だ。

『リトル・フォレスト 春夏秋冬』©2018 Daisuke Igarashi/Kodansha All Rights Reserved.

column

スポーツ映画の女性像の変遷

文＝岡本敦史

韓国映画にはスポーツを題材にした秀作、人気作が少なくない。大抵は実話をもとにしており、個人競技にしろ、チーム競技にしろ、主人公は男性であることが多い。しかし、二〇〇〇年代後半からは、女性が主人公の作品も登場し始めた。

その嚆矢となったのは、やはりイム・スルレ監督の『私たちの生涯最高の瞬間』(08)であろう。二〇〇四年のアテネ・オリンピックで銀メダルを獲得した女子ハンドボールチームの実話をベースにしたこの作品は、観客動員四〇〇万人を突破するヒット作となった。猛特訓に明け暮れながら、家庭との両立にも四苦八苦する選手たちの日常など、女性を取り巻く現実問題も織り交ぜたリアルな人物描写は、イム・スルレならではのものだった。

同作以降、女性スポーツ映画は「団結」「連帯」を描くチームものが主となっていく。翌〇九年に公開されたパク・コニョン監督の『重量★ガールズ キングコングを持ち上げろ!』もその一本。田舎の女子中学校に新設された重量挙げ部を舞台に、体力も個性もバラバラな少女たちが繰り広げる熱血スポ根ドラマだ。これも二〇〇〇年の全国体育典で、地方校チームが金メダル一四個、銀メダル一個を獲得した史実をもとにしている。『巨人の星』ばりの猛特訓シーンの背景には、スポーツエリートを目指す女性に対して一般的理解がなかった九〇年代という時代性も印象的に捉えられている。貧困や世間体という壁に阻まれ、血と汗と悔し涙を流しながら奮闘する少女たちのなかには、のちに『金子文子と朴烈』(17)でブレイクするチェ・ヒソ(当時はチェ・ムンギョン名義)の姿もある。

女性アスリートの物語を通して「団結」「連帯」を描くパターンを、最もスケール豊かに拡大したのは『ハナ 奇跡の46日間』(12)だろう。一九九一年に千葉県で開催された世界卓球選手権に、史上初の南北朝鮮統一チーム「コリア」として出場した選手たちの物語だ。メンバーは男女混成だが、物語の中心となるのは二人の女性選手。国家代表というプライドと重圧をそれぞれに背負った南北

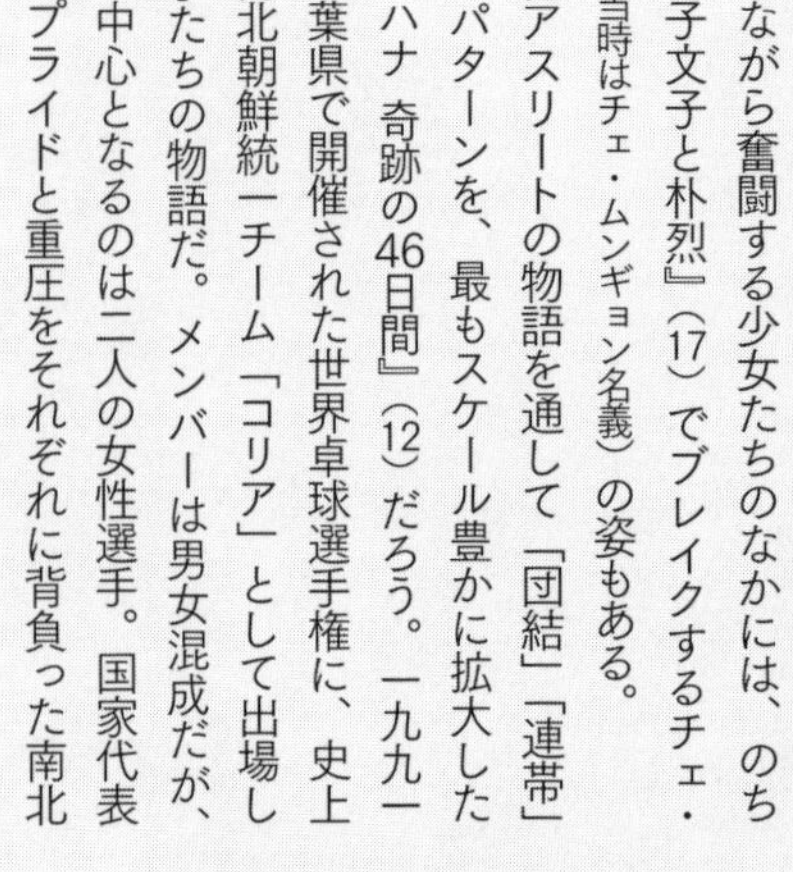

『重量★ガールズ キングコングを持ち上げろ!』

のライバルたちを、当代きっての人気女優であるハ・ジウォンとペ・ドゥナが演じたキャスティングも話題を呼んだ。彼女たちがお互いに牽制しあいつつ、やがて友情を育み共闘関係を結んでいく過程は、『JSA』(00)などで描かれてきた南北融和のドラマと同様に感動的だ。女性たちの団結は、まさに北と南のそれと重ね合わされる。

その後、実在の女子アイスホッケー代表チームをモデルにした『プロミス 氷上の女神たち』(16)あたりになると、チームものという形式にも使い古された感が漂い始める。唯一の新味は、スエ演じるチームの牽引役が脱北者であるという設定だ。彼女は妹を北に置き去りにしてきたことが心の重荷になっているが、妹は北朝鮮代表チームの最年少エースとなり、因縁の直接対決に臨む。フィクションとしてはやや盛り過ぎだが、かろうじてワンパターン化からは逃れている。

そんな定型志向に変化の兆しが見え始めたのが、競歩という異色の題材を取り上げた『今日よりもっと!!』(16)。シム・ウンギョン演じる田舎の女子高生が、徒歩通学で鍛えた脚力を活かし、競歩の才能を発揮していく青春コメディだ。映画としては小品だが、「実話ベース」「チームもの」という定型からは軽やかに脱している。また、女性スポーツ映画の特徴といえる「勝つことが最終目的ではない」という結論も、主人公が乗り物に酔う体質という設定を活かし、より大胆に掘り下げてみせた。

近年、最も明確に時代の変化を感じさせたのは、チェ・ユンテ監督の『野球少女』(19)だろう。これこそ、個の戦いを描くようになった韓国初の本格的女性スポーツ映画ではないか。イ・ジュヨンが演じた主人公は、九〇年代に実在した人物がモデルだが、物語の舞台は現代に変えられている。つまり実話形式にこだわらず、物語を「特別な誰か」のものにしない、その普遍性への試みもまた新しい。

ユン・ジェホ監督の『ファイター、北からの挑戦者』(20)も、実録劇ではない、個の女性スポーツ映画の秀作だ。韓国社会で脱北者が自立した生活を送ることの難しさ、その苦難をはねのけ、ボクサーとしての道を歩み始めるヒロインの力強い生きざまを描く。観客が最終的に受け取る主人公のイメージは「脱北者」「ボクサー」である前に、一人の女性である。これらの女性スポーツ映画の変遷が、韓国映画のひとつの進化を映し出しているとは言えまいか。

『今日よりもっと!!』

정재은

チョン・ジェウン

固定観念にとらわれない〈人と人との関係性〉を描く

文＝岸野令子

ユン・ガウン監督『わたしたち』（15）、ユン・ダンビ監督『夏時間』（19）、男性だがイ・ジョンピル監督『サムジンカンパニー1995』（20）など、チョン・ジェウン監督の傑作『子猫をお願い』（01）へのオマージュを感じる女の子映画はたくさんある。『子猫をお願い』は、言ってみれば元祖青春女性映画なのだ。この映画で長編デビューしたチョン・ジェウン監督は当時三二歳だった。

女子商業高校を卒業したばかりの五人組。実家のサウナ（沐浴湯）を手伝うことになったテヒ（ペ・ドゥナ）。コネで大手会社に就職するもコピー取りなど補助仕事ばかり、それでも上昇志向のヘジュ（イ・ヨウォン）は英語の勉強に余念がない。祖父母と線路沿いのバラックに住むジョン（オク・ジョン）はテキスタイルデザイ

『子猫をお願い』©2001 Cinema Service Co., Ltd., Masulpiri Pictures, All Rights Reserved

ナーを目指すも就職できない。中華系のピリョとオンジョは手作り品を売って自活しようとしている。ヘジュの誕生日に、お金のないジョンは拾った子猫をきれいに装飾した箱に入れてヘジュへのプレゼントにするが、ヘジュは飼えないと突き返す。卒業したらかつてのような仲良しでつるんでいられないのだ。彼女たちの距離感が携帯電話で鮮やかに表現される。社会に出た女性たちの過酷な現実が活写され、内容もさることながら、それまでの韓国映画に見られない洗練されたビジュアルセンスに、とりわけヨーロッパで高評価を得た。

学歴差別、家庭環境差別、男女差別、外国人差別、障碍者差別などなど、二〇年たった今もさほど変わらないからこそ古めかしさを感じさせない。なによりもチョン・ジェウン監督の人間観察の鋭さを感じるのである。

一九六九年ソウル生まれ、韓国芸術総合学校映像院の第一期生として九九年短編デビューしたチョン監督は、この商業映画デビュー作が世界的に評価されたにもかかわらず、国内の成績がともなわず、次回作に苦労する。

人権委員会製作のオムニバス『もし、あなたなら〜6つの視線』(03)の一篇『その男、事情あり』は、前科のある青年と、おねしょをして罰を与えられる少年が同じ団地に住んでいる設定で人権問題を考えさせる作品だ。他の監督の作品と比べ、わかりにくいと言われた。ここでも団地の無機質な空間にスローガンを浮き出させたりするビジュアルが斬新だった。

ようやく、インラインスケートに興じる若者たちを描いた『台風太陽 君がいた夏』(05)を発表するも、これも商業的には失敗する。韓国映画の主流であるラブコメとは違っていたからだ。

その後、しばらくは劇映画ではなくドキュメンタリーを作る。『語る建築家』(11)は、がんを宣告された建築家チョン・ギヨンの活動を通して建築の公共的価値を考えさせる作品。

『語る建築/シティ:ホール』(13未)は、ソウル市庁舎の改築プロジェク

『もし、あなたなら〜6つの視線』パンフレット

トの舞台裏を追った。建築とはつまるところ造る人間の思想を表す。このプロジェクトにかかわった人々に肉薄した力作で、完成式典の隅っこにいる作業員たちの姿をとらえるところにチョン監督の視点がある。

久しぶりの劇映画は日本との合作で『蝶の眠り』（18）。若年性認知症の作家（中山美穂）と、その助手を務める韓国からの留学生（キム・ジェウク）の〈愛〉を描く。この愛は、いわゆる異性愛というより、性別を超えた慈愛のようなものといえばよいだろうか。チョン監督は年上女性と若い男性の年齢差恋愛というような俗っぽい関係にしていない。

日本との合作は、『子猫をお願い』の後、ずっと希望していたがなかなかかなわず、ようやく本作に至ったのだが、当初のシナリオでは、日本人のおばあさんが、孫に頼んで一緒に昔住んでいた韓国を訪ねるというものだった。そして初恋の相手を見つける（その人は女性であった）。つまりチョン監督は、固定観念にとらわれない〈人と人との関係性〉を描こうとしているのだが、これが韓国商業映画の主流では受け入れられない。

『花、香る歌』（15／イ・ジョンピル監督）の最初のシナリオはチョン監督が書いたのであるが、プロデューサーは師匠とヒロインをもっと恋愛関係にしたいといわれ、降板した。なぜオッサンの発想はそうなるのかと不満に思う。『蝶の眠り』のような設定を受け入れてくれた日本のプロデューサーに感謝していると、チョン監督は言う。チョン監督は、そのように妥協をしない人である。それゆえ寡作になるのもやむを得ない。

彼女の新作は再びドキュメンタリーで『猫たちのアパート』（21・公開予定）。団地の建て替えで野良猫たちはどうなるのか？　動物との共生を考える団体の活動がとらえられた作品で、猫たちの個性までが伝わる。猫の視線のアングルがみものだ。

『蝶の眠り』

신수원

シン・スウォン

社会派ミステリー、SFと幅広く女性が抱える謎を追うデビュー作と最新作は女性監督を描く

文＝岡本敦史

シン・スウォンほど最初に出会った作品によって印象の変わる監督もいないだろう。二〇一〇年の初長編『虹』は、なかなかデビューすることができない女性映画監督の煩悶をコミカルに描いた自叙伝的内容だったが、それ以降は様々な題材に挑み、単純なジャンル分けを拒むような作品を撮り続けている。

一九六七年生まれのシン・スウォンは、ソウル大学を卒業後、一〇年間の教師生活を経て映画監督に転身したという異色の経歴を持つ（だからデビューは遅いが、『子猫をお願い』（01）のチョン・ジェウンよりも二歳年上だ）。第一作『虹』は東京国際映画祭アジア映画賞を獲得し、第二作『冥王星』（12未）はベルリン国際映画祭スペシャルメンションを獲得、第三作『マドンナ』（14）はカンヌ国際映画祭「ある視点」部門に出品されるなど、むしろ海外で先に注目された監督である。第四作『ガラスの庭園』（17）が釜山映画祭の開幕作に選ばれたのも、本国の評価としては遅すぎ

『冥王星』ポスター

たくらいだ（彼女の作品が長らく劇場公開すらされなかった日本とは比べ物にならないが）。

その作風がはっきりと打ち出された最初の作品は『冥王星』だろう。とある進学校で、成績トップの優等生が死体で発見された事件を発端に、学園内に隠された秘密が明らかになっていく。監督自身の教員体験をもとに、学校側による非人間的な学力階級システム、排他的カルト集団と化したエリートグループの存在などが描かれ、現実の学歴競争社会の闇が重ね合わされる。そうしたリアルな社会性とともに、一人の優等生の死をめぐるミステリアスな筋立てでも観客を魅了する一作だ。韓国公開時には、映像物等級委員会によって青少年以下観覧不可の判定を下されたことに「死刑も同然」と監督自身が声を上げたことでも話題となった。

続く『マドンナ』は、さらに重厚さと衝撃性を増した社会派ミステリーである。ある大病院に若い妊婦が脳死状態で運ばれ、その家族から臓器提供の承諾を得るべく、病院の看護師（ソ・ヨンヒ）がその足取りを追っていく。二人の主人公、二つの時間軸が交錯しながら、弱者を追い込む社会の暗部が暴かれていく。筆者にとってはこれが最初に出会ったシン・スウォン作品だったので、エグい題材にも躊躇なく挑む社会派監督というイメージが刷り込まれてしまった。実際そういう面もあるのだが、その後のキャリアも含めて俯瞰すると、それだけで収まる作家ではない。『ガラスの庭園』は韓国では敬遠されがちなSF／ファンタジー要素を

『マドンナ』©2015 LittleBig Pictures. ALL RIGHTS RESERVED

取り入れた意欲作で、一作ごとにテーマを更新していく監督の姿勢が強く表れている。

女性という立場から社会のひずみ、不均衡や不条理を描く視線は、シン・スウォン作品の特色のひとつである。『マドンナ』は言わずもがな、『ガラスの庭園』でも主人公が女性であること、さらに身体的ハンディキャップを抱えていることで周囲から冷たい視線を受けるさまを生々しく映し出す。『若者の光』(19)では、若者世代の就職難や過労による自殺といった社会問題を主題にする一方、女性が高い社会的地位を維持するため、人間性や他者への思いやりを捨てなければならないジレンマも描かれる。六〇年代に実在した女性監督にスポットを当てた『オマージュ』(21)では、まさに自身のキャリアと重ねるように、女性が映画監督として活動を続けることの難しさが語られる。

といっても生硬な社会派ドラマばかり手がけているわけではない。ほぼ全作に共通するミステリー要素も大きな特徴だ。『冥王星』では優等生の死をめぐる謎、『マドンナ』では意識不明の妊婦の知られざる過去が解き明かされていく。『ガラスの庭園』は森の中に暮らすヒロインが抱える「秘密」が物語のカギとなり、『若者の光』では自殺した若い社員の「動機」を上司である主人公が探っていく。謎解き要素がなさそうな『オマージュ』でも、欠落した映画のフィルムを探す旅が展開し、紛うかたなきシン・スウォン作品であることを実感させた。その卓抜したミステリー演出が、観る者を惹きつけてやまない重要なエッセンスではないかと思う。

「特定のジャンルにこだわらず、撮りたいものを撮る」ことが彼女のモットーだという。主にインディーズ作家として活動し、多作にもかかわらず知名度が高くないのもそれが理由だろうか。しかし、さすがにその存在を無視するわけにはいかなくなってきたはずだ。デビュー作『虹』と連環するかのごとく、自分自身を投影したような女性監督を主人公にした『オマージュ』は、シン・スウォンの監督人生を総括するような傑作でもある。今度こそ彼女の名を世界に知らしめる作品になるはずだ。

『オマージュ』

column

ノワール映画の女性像

文＝岡本敦史

韓国ノワールというと『友へ チング』(01)や『新しき世界』(13)、あるいは『アシュラ』(16)のように、男同士の友情と殺し合いを描いた作品が思い浮かぶ。これはいわゆる「香港ノワール」と同じで、本来のフィルムノワールとは異なり、むしろヤクザ映画に近いジャンルである。「男が道を踏み外し、破滅する。その背後には女の影あり」という古典的ノワールの定石に則って、初めて現代的な強い女性を描いた韓国映画といえば、やはり『復讐者に憐れみを』(02)のペ・ドゥナになるだろうか。とはいえ、ジャンルの定石を外すことに懸けたこの作品は興行的に大敗し、フォロワーを生むことなく孤塁を守ったままである。

その後、韓国ノワールと呼ばれるジャンルで、強く主体的な女性を久々に登場させたのが『コインロッカーの女』(15)である。仁川の中華街で、血の繋がらない子供たちを配下として囲う暗黒街の女ボスを、キム・ヘスがノーメイクで貫録たっぷりに演じてみせた。同じ犯罪映画でも『10人の泥棒たち』(12)などでは典型的なセクシーキャラを演じてきた彼女が一皮むけた画期的作品であり、彼女と相対するのが娘として育てられたヒロイン(キム・ゴウン)という「女対女の通過儀礼のドラマ」である点も新しかった。監督のハン・ジュニは、続く『スピード・スクワッド ひき逃げ専門捜査班』(19)でも女性捜査官を主役に据えており、ジャンルムービーへの傾倒と女性上位の精神を両立させている稀有な作家である。

これ以降、それまで「男の世界」だった犯罪映画にも女性のキャラクターが登場することが多くなる。二〇一七年公開の『悪女/ＡＫＵＪＯ』は、スタントマン出身のチョン・ビョンギル監督がキム・オクビンを主演に迎えて撮り上げた本格的女性アクションだ。犯罪組織に殺し屋として育てられた女性が、今度は政府のもとで暗殺者として生きる羽目になるという物語を、度肝を抜く奇

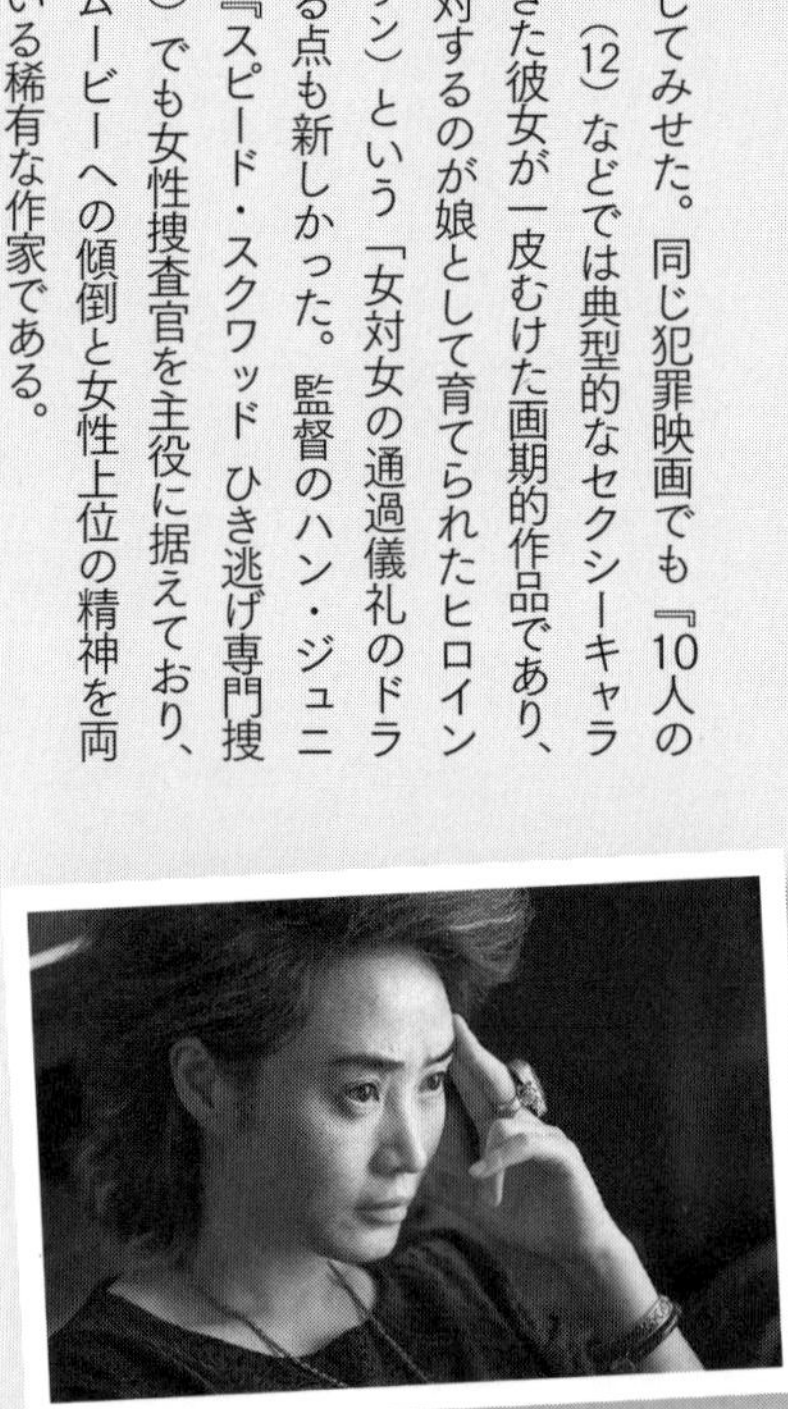

『コインロッカーの女』

抜なアクション満載で描く。リュック・ベッソンの『ニキータ』（90）をベースにしつつ、韓国的な「支配される女の悲劇」の枠から出ないシナリオにはやや難があるものの、それまで男性主体だったノワール／アクションというジャンルに真っ向から女性が乗り込んだという点では、世間に十分すぎるほどのインパクトを与えた。

ジョニー・トー監督の『ドラッグ・ウォー／毒戦』（12）をリメイクした『毒戦 BELIEVER』（18）は、多彩なキャスト陣による怪演合戦の様相を呈したいびつな仕上がりだが、女優陣がオリジナル版を凌ぐ強烈な存在感を示している点で忘れ難い。チン・ソヨン演じる麻薬密売人の妻は、ほとんど露出狂のようなキャラクターで主人公の刑事も観客も圧倒。これが遺作となった夫役のキム・ジュヒョクの熱演も完全に食う勢いだ。麻薬精製工場を営む聾唖のコンビは姉弟という設定になり、姉のほうを（野球少女）のほうではない）演技派イ・ジュヨンがボーイッシュに演じ、これまた鮮烈な印象を残す。彼女たちの放つ個性が、作品のとりとめのなさを救っている部分は大きい。

キム・ヘスの影響か、有名女優たちもノワールの悪役を演じたいという願望が高まりつつあるのだろうか。フランス映画『あるいは裏切りという名の犬』（04）を翻案した『ビースト』（19）では、中堅女優チョン・ヘジンがベテラン刑事を翻弄する情報屋を毒々しい存在感で演じている。同年公開の『スピード・スクワッド』では陰のある警察の上司をクールに演じていた彼女が、ここではタトゥーもピアスもばっちり入った凶暴なチンピラになりきり、強靭な生存本能で主人公を窮地に追い込む「変種のファム・ファタール」として圧倒的存在感を見せた。また、チョン・ドヨンも『藁にもすがる獣たち』（20）で嬉々として悪女を演じ、残酷シーンにも果敢に挑んでいる。イ・ヘヨンと組んだ女性二人の犯罪バディアクション『血も涙もなく』（02）があえなく不評に終わった過去を思えば、隔世の感がある。

韓国版『トランスポーター』と謳われるカーアクション映画『特送』（20未）では、主人公の脱法ドライバーを『パラサイト 半地下の家族』（19）の長女役でブレイクしたパク・ソダムが演じる。これまで男性が演じてきた役割を女性が担う機会も増えつつあり、犯罪映画ジャンルに新風を吹き込んでくれることだろう。このぶんだと近い将来、「女性しか出てこない韓国ノワール」も登場するのではないだろうか。

『ビースト』

子猫をお願い 4Kリマスター版
Blu-ray(税込4378円/税抜3980円)
2022年9月2日発売
発売・販売元:ツイン

1987、ある闘いの真実
Blu-ray・DVD(各税込5170円/税抜4700円)
発売中、デジタル配信中
発売・販売元:ツイン

茲山魚譜 -チャサンオボ-
DVD(税込5170円/税抜4700円)発売中、デジタル配信中
発売・販売元:ツイン

金子文子と朴烈
DVD(税込4400円/税抜4000円)発売中
発売・販売元:マクザム

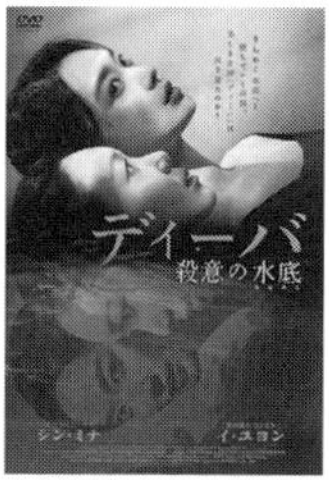

ディーバ 殺意の水底
DVD(税込4180円/税抜3800円)発売中
発売・販売元:マクザム

マドンナ
DVD(税込3960円/税別3600円)発売中
発売・販売元:株式会社ライツキューブ

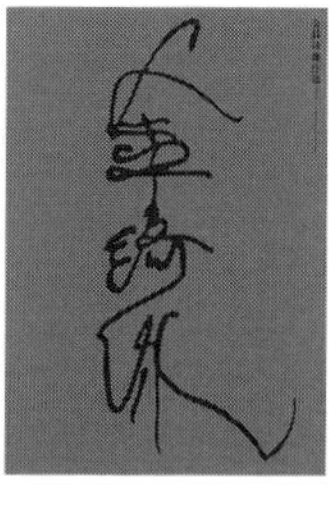

金綺泳(キム・ギヨン)傑作選 BOX
【収録作品:Blu-ray『下女』『玄海灘は知っている』『高麗葬』/ DVD『水女』『火女'82』『死んでもいい経験』】
BOX(税込22000円/税抜20000円)発売中
発売・販売元:株式会社アイ・ヴィー・シー

※『下女』Blu-ray・DVD、「金綺泳(キム・ギヨン)傑作選BOX 2」、
『死んでもいい経験』Blu-rayも株式会社アイ・ヴィー・シーより発売中

Blu-ray・DVDソフト一覧

お嬢さん
〈スペシャル・エクステンデッド版＆劇場公開版〉
Blu-ray2枚組（税込7480円／税抜6800円）、
Blu-ray通常版（税込5280円／税抜4800円）、
DVD通常版（税込4180円／税抜3800円）発売中
発売・販売元：TCエンタテインメント

はちどり
Blu-ray（税込6380円／税抜5800円）、
DVD（税込4180円／税抜3800円）発売中
発売元：アニモプロデュース／販売元：TCエンタテインメント

The Witch／魔女
Blu-ray（税込5170円／税抜4700円）、
DVD（税込4180円／税抜3800円）発売中
発売元：カルチュア・パブリッシャーズ／
販売元：TCエンタテインメント

リトル・フォレスト　春夏秋冬
DVD（税込4180円／税抜3800円）発売中
発売元：『リトル・フォレスト 春夏秋冬』上映委員会／販売元：TCエンタテインメント

提報者 ～ES細胞捏造事件～
DVD（税込4180円／税抜3800円）発売中
発売元：クロックワークス／販売元：TCエンタテインメント

82年生まれ、キム・ジヨン
Blu-ray（税込6380円／税抜5800円）、DVD（税込5280円／税抜4800円）発売中
発売元：クロックワークス／販売元：ハピネット・メディアマーケティング

マルティニークからの祈り
Blu-ray（税込5170円／税抜4700円）、
DVD（税込4378円／税抜3980円）発売中、
デジタル配信中
発売・販売元：ツイン

編・執筆

夏目深雪（なつめ・みゆき）

映画批評家・編集者。『ユリイカ』や『キネマ旬報』、劇場パンフレットなどに寄稿。企画編集した共編著書に『アジア映画の森』『アジア映画で〈世界〉を見る』（ともに作品社）、『アピチャッポン・ウィーラセタクン』（フィルムアート社）、『躍動する東南アジア映画』（論創社）、『ナチス映画論』（森話社）など多数。編著書に『岩井俊二』（河出書房新社）、『新なるインド映画の世界』(PICK UP PRESS)。

編集協力・執筆

岡本敦史（おかもと・あつし）

ライター、編集者。『映画秘宝EX 激闘！アジアン・アクション映画大進撃』『塚本晋也「野火」全記録』（洋泉社）、『別冊映画秘宝 決定版 韓国映画究極ガイド』（双葉社）などの編著に参加。映画『海獣の子供』『ＫＣＩＡ 南山の部長たち』『犬王』パンフレットなどにも寄稿。

執筆

朝倉加葉子（あさくら・かよこ）

映画監督。主な作品に『羊とオオカミの恋と殺人』、『クソすばらしいこの世界』、『アイカツプラネット！』など。最近の寄稿に『チタン／TITANE』パンフレット、『別冊ele-king 永遠のフィッシュマンズ』（Pヴァイン）などがある。

岸野令子（きしの・れいこ）

１９４９年大阪生まれ。映画パブリシスト。有限会社キノ・キネマ代表。『髪結いの亭主』『永遠なる帝国』『永遠の語らい』『でんげい わたしたちの青春』『金子文子と朴烈』『チャンシルさんには福が多いね』等配給、『赤毛のアン』『子猫をお願い』『マルタのやさしい刺繍』『メイド・イン・バングラデシュ』等宣伝。著書に『猫の手、貸します。』『ニチボーとケンチャナヨ』。

北村匡平（きたむら・きょうへい）

映画研究者／批評家。単著に『アクター・ジェンダー・イメージズ——転覆の身振り』（青土社、２０２１年）、『24フレームの映画学——映像表現を解体する』（晃洋書房、２０２１年）、『美と破壊の女優 京マチ子』（筑摩書房、２０１９年）、『スター女優の文化社会学——戦後日本が欲望した聖女と魔女』（作品社、２０１７年）、共編著に『川島雄三は二度生まれる』（水声社、２０１８年）、『リメイク映画の創造力』（水声社、２０１７年）などがある。

児玉美月（こだま・みづき）

映画執筆家。共著に『「百合映画」完全ガイド』（星海社新書、２０２０年）、分担執筆に『アニエス・ヴァルダ——愛と記憶のシネアスト』（ドキュメンタリー叢書）』（neoneo編集室、２０２１年）、『岩井俊二『Love Letter』から『ラストレター』、そして『チィファの手紙』へ』（河出書房新社、２０２０年）、『フィルムメーカーズ21ジャン＝リュック・ゴダール』（宮帯出版社、２０２０年）など多数。

崔盛旭（チェ・ソンウク）

映画研究者。明治学院大学大学院で芸術学（映画専攻）博士号取得。著書に『今井正 戦時と戦後のあいだ』（クレイン)、共著に『沖縄映画論』(作品社)、『日本映画は生きている 第4巻 スクリーンのなかの他者』(岩波書店)など。Web連載「映画で学ぶ、韓国近現代史」(サイゾーウーマン)をはじめ、韓国映画の魅力を文化や社会的背景を交えながら伝える仕事に取り組んでいる。

土田真樹(つちだ・まき)
1989年より韓国に留学。高麗大学大学院を経て文化情報誌ソウルスコープに就職。映画担当記者として活動する傍ら、『キネマ旬報』『スクリーン』『AERA』などのメディアに寄稿する他、韓国映画日本語字幕制作、劇場用パンフレットに解説を執筆するなど、多岐にわたって韓国映画情報を日本に向けて発信している。また、近年は映画プロデューサーとしても活動中。

暉峻創三(てるおか・そうぞう)
映画評論家。大阪アジアン映画祭プログラミング・ディレクター。『朝日新聞』『アジポップ』『キネマ旬報』『MEG関西版(朝日新聞大阪市内折込フリーペーパー)』等に執筆。西武百貨店・池袋コミュニティ・カレッジにて、アジア映画の定期講座を開講中。映画配信サイトJAIHOのアドバイザリーボード・メンバー。著書『香港電影世界』、総合監修書『中華電影データブック完全保存版』等。

成川彩(なりかわ・あや)
韓国在住映画ライター。ソウルの東国大学映画映像学科修士課程修了。2008~2017年、朝日新聞記者として文化を中心に取材。現在、韓国の中央日報や朝日新聞GLOBE+をはじめ、日韓の様々なメディアで執筆。レギュラー出演中のKBS WORLD Radioの日本語番組『玄海灘に立つ虹』では韓国の映画や本を紹介している。2020年、韓国でエッセイ集『どこにいても、私は私らしく(原題)』を出版。

西森路代(にしもり・みちよ)
ライター。愛媛県出身。日本や韓国のエンタテインメントについて主に執筆。著書に『K-POPがアジアを制覇する』(原書房)、共著に『韓国映画・ドラマ わたしたちのおしゃべりの記録2014~2020』(駒草出版)、『「テレビは見ない」というけれど』(青弓社)など。『私の解放日誌』でソン・ソックにやられたので、早く『犯罪都市2』が見たいです。

ファン・ギュンミン
韓国ソウル生まれ。2001年から映画ライターとして活動をはじめ、03年から富川国際ファンタスティック映画祭やソウル国際女性映画祭の字幕オペレーター、全州国際映画祭のプログラム・コーディネーターを務める。10年に渡日し、18年に明治学院大学芸術学科で博士号を取得。専門は映画史、ジェンダー論、ジャンル論。明治学院大学言語文化研究所研究員。

協力(スチル提供)
アイ・ヴィー・シー、ギャガ、クロックワークス、JAIHO、ツイン、TCエンターテインメント、トランスフォーマー、ハピネットファントム・スタジオ、マクザム、ミモザフィルムズ、ライツキューブ

韓国女性映画
わたしたちの物語

2022年8月20日　初版印刷
2022年8月30日　初版発行

編者　夏目深雪
発行者　小野寺優
発行所　株式会社河出書房新社
〒151-0051 東京都渋谷区千駄ヶ谷2-32-2
電話(03)3404-1201(営業)
(03)3404-8611(編集)
https://www.kawade.co.jp/
造本　矢野のり子(島津デザイン事務所)
印刷・製本　株式会社暁印刷

Printed in Japan　ISBN978-4-309-29216-8